# DEN KOMPLETTE KNOPPER OG BLOSTER KOGEBOG

100 lækre og smukke spiselige blomsteropskrifter

Mille Jonsson

Copyright materiale ©2024

Alle rettigheder forbeholdes

Ingen del af denne bog må bruges eller transmitteres i nogen form eller på nogen måde uden korrekt skriftligt samtykke fra udgiveren og copyright-indehaveren, bortset fra korte citater brugt i en anmeldelse. Denne bog bør ikke betragtes som en erstatning for medicinsk, juridisk eller anden professionel rådgivning.

# INDHOLDSFORTEGNELSE _

**INDHOLDSFORTEGNELSE _** ................................................................. **3**
**INTRODUKTION** ........................................................................... **7**
**MORGENMAD OG BRUNCH** ............................................................. **9**
    1. COURGETTER BLOMST OMELET ................................................................10
    2. ÆG FYLDT MED NASTURTIUMS .................................................................12
    3. BAGT BLÅBLOMST PURLØG OMELET .........................................................14
    4. ABRIKOS-LAVENDEL CREPES ....................................................................16
    5. ÆG MED PURLØGSBLOMSTER .................................................................19
    6. GRANOLA MED SPISELIGE BLOMSTER .......................................................21
    7. CREMET RØRÆG MED SPISELIGE BLOMSTER .............................................23
    8. STEDMODERBLOMST PANDEKAGER .........................................................25
    9. BLOMSTER KRAFTBRASILIANSK AÇAÍ SKÅL ................................................27
    10. MORGENMAD SØD KARTOFFEL MED HIBISCUS TE YOGHURT ....................29
    11. MANGO SMOOTHIESKÅL .......................................................................32

**MELLEMMÅLTID OG FORRETTER** .................................................... **34**
    12. SPISELIGE BLOMSTERTE-SANDWICHER ...................................................35
    13. FYLDTE NASTURTIUMS ..........................................................................37
    14. NASTURTIUM REJEFORRETTERSALAT ......................................................39
    15. MÆLKEBØTTE BLOMSTERFRITTER ..........................................................41
    16. MAJS- OG MORGENFRUEFRITTER ..........................................................43
    17. SPISELIGE BLOMSTERFORÅRSRULLER .....................................................45
    18. AKACIEBLOMSTFRITTERE ......................................................................47
    19. GEDEOST MED SPISELIGE BLOMSTER .....................................................49

**HOVEDRET** ............................................................................... **51**
    20. ADOBO OKSESALAT MED HIBISCUS SOVS ...............................................52
    21. BLANDET BLOMSTER OG OST RAVIOLI ...................................................55
    22. MÆLKEBØTTE LASAGNE .......................................................................57
    23. LAM OG PORTULAK MED KIKÆRTER .....................................................60
    24. FOLIEBAGT FISK MED MEXICANSK MYNTEMORGENFRUE ........................63
    25. SOMMERFUGLE MED GRØNTSAGER OG LAVENDEL ................................65

26. Brændenældepasta med vegansk parmesan ...... 67
27. Vintergrøntsager og Gnocchi ...... 69

## SUPPER ...... 71

28. Borage Blad & Hvedegræs Suppe ...... 72
29. Squash blomstersuppe ...... 74
30. Kørvel Nasturtium suppe ...... 76
31. Asiatisk krysantemum skål ...... 78
32. Sort bønnesuppe og purløgsblomst s ...... 80
33. Nasturtium salatsuppe _ ...... 83
34. Fennikelsuppe med spiselige blomster ...... 85
35. Grøn ærtesuppe med purløgsblomster ...... 87
36. Vichyssoise Med Borage Blomster ...... 89

## SALATER ...... 91

37. Regnbuesalat ...... 92
38. Mikrogrønt og sneærtesalat ...... 94
39. Nasturtium og druesalat ...... 96
40. Sommersalat med tofu og spiselige blomster ...... 98
41. Kartoffel og Nasturtium salat ...... 100
42. Mælkebøtte og chorizosalat ...... 102
43. Borage & Agurker i cremefraichedressing ...... 104
44. Rødkål med krysantemum s ...... 106
45. Asparges salat ...... 108
46. Stedmoderblomst salat ...... 110
47. Grøn salat med spiselige blomster ...... 112

## KRYDER OG GARNIER ...... 114

48. Nasturtium Pesto ...... 115
49. Jordbær lavendel marmelade ...... 117
50. Honningsuckle sirup ...... 119
51. Violet honning ...... 121
52. Blomsterpynt til ost ...... 123
53. Kandiserede violer ...... 125
54. Stegt krysantemum løg ...... 127
55. Kandiserede rosenblade ...... 129
56. Honning med lilla blomster ...... 131

57. Hyben- og ribssauce .................................................................133

## DRIKKE ................................................................................... 135

  58. Matcha Og Nasturtiums Smoothieskål ...............................136
  59. Blåbær lavendel vand .........................................................138
  60. Fersken Smoothie Skål ......................................................140
  61. Sød lavendel mælk kefir ....................................................142
  62. Healing Honningsuckle Te .................................................144
  63. Krysantemum og hyldeblomst te .....................................146
  64. Kamille og fennikel te .......................................................148
  65. Mælkebøtte og burre te ....................................................150
  66. Røllike og Calendula te .....................................................152
  67. Kasket og orange blomsterte ...........................................154
  68. Calendula Blomster kold plejeTe ......................................156
  69. Følfodsblomster Te ...........................................................158
  70. Hyben grøn te ...................................................................160
  71. Echinacea immunstøtte te ................................................162
  72. Rødkløver blomstrende tonicTe ........................................164
  73. Rosenrød sort te ...............................................................166
  74. Healing Honningsuckle Te .................................................168
  75. Blomst Tisane ....................................................................170
  76. Krysantemum te med goji ................................................172
  77. Mælkebøtte blomsterte ....................................................174
  78. Sommerfugleærteblomstte Latte ....................................176
  79. Hibiscus Blomst Te Latte ...................................................178
  80. Valerian Rod superafslappende te ....................................180
  81. Perikon Beroligende te .....................................................182
  82. Foryngelse te ....................................................................184
  83. Forkølelse Og Hæshed Te .................................................186
  84. Urtete med limeblomst ....................................................188
  85. Potpourri te ......................................................................190
  86. Rødkløver te .....................................................................192
  87. Rose og lavendel vin .........................................................194

## DESSERT .................................................................................. 196

  88. Blåbær Lavender Tranebær Sprød ....................................197
  89. Rabarber, rose og jordbærsyltetøj ...................................199

90. Orange-Calendula Dråbe Cookies .............................................................. 201
91. Yoghurtparfait med mikrogrønt ................................................................ 203
92. Gulerodsblomst miniaturebrød ................................................................. 205
93. Anis Isop Cookies ...................................................................................... 207
94. Citron stedmoderblomst tærte ................................................................. 209
95. Kamille cookies ......................................................................................... 212
96. Jordbær og kamillesorbet ........................................................................ 214
97. Nellik Marshmallow Fudge ....................................................................... 216
98. Violet is ..................................................................................................... 218
99. Violet soufflé ............................................................................................ 220
100. Jordbær, Mango & Rose Pavlova ............................................................ 222

**KONKLUSION ................................................................................................. 225**

# INTRODUKTION

Tag på en kulinarisk rejse, hvor den pulserende verden af knopper og blomster er i centrum. " Den Komplette Knopper Og Bloster Kogebog" inviterer dig til at udforske de spiselige blomsters rige, hvor smag møder æstetik i en harmonisk fejring af naturens gavmildhed. Denne samling af 100 lækre og smukke opskrifter løfter blomstersmag fra blot udsmykning til omdrejningspunktet for dejlige retter, og tilbyder en sanseoplevelse, der overgår det sædvanlige.

Spiselige blomster har været et fængslende element i kulinariske traditioner verden over, og deres inklusion tilføjer et strejf af elegance og finurlighed til retter. I denne kogebog dykker vi ned i kunsten at inkorporere blomster i vores måltider og forvandle dem fra rene ingredienser til kulinariske mesterværker. Hver opskrift er et vidnesbyrd om mangfoldigheden af smag, som naturens palette giver, fra den delikate sødme af violer til pebret noter af nasturtiums.

Kogebogen hylder det spiselige landskab, hvor kronblade og blomster ikke kun er til visuel appel, men bidrager med deres unikke essens til en symfoni af smag. Uanset om du er en erfaren kok eller en eventyrlysten hjemmekok, vil disse opskrifter inspirere dig til at omfavne skønheden og smagen af spiselige blomster i dine kulinariske kreationer.

" Den Komplette Knopper Og Bloster Kogebog " går ud over det sædvanlige, og præsenterer opskrifter, der ikke bare er lækre, men visuelt betagende. Fra salater prydet med stedmoderblomster til desserter, der blomstrer med rosenblade, er hver ret et lærred, hvor farverne og formerne på spiselige blomster bliver levende. Gennem detaljerede instruktioner og inspirerende fotografering opfordrer denne kogebog dig til at slippe din kreativitet løs i køkkenet og forvandle hvert måltid til et kunstværk.

Kogebogen er en fejring af årstiderne, da forskellige blomster blomstrer på forskellige tidspunkter af året. Det opfordrer læserne til at udforske lokale markeder, haver eller endda deres egen baghave for at opdage den brede vifte af spiselige blomster, der er tilgængelige. Ved at gøre det fremmer den en dybere forbindelse med naturen og en påskønnelse af den gavmildhed, den giver.

Når du bladrer gennem siderne af " Den Komplette Knopper Og Bloster Kogebog ", vil du opdage det harmoniske ægteskab af smag, som spiselige blomster bringer til bordet. Hver opskrift er en omhyggeligt udformet symfoni, der balancerer blomsternes subtile sødme med det salte og syrlige, hvilket skaber en kulinarisk oplevelse, der engagerer alle sanser.

Uanset om du forbereder en romantisk middag, holder en havefest eller blot ønsker at tilføje et strejf af elegance til dine daglige måltider, tilbyder denne kogebog en bred vifte af opskrifter, der passer til enhver lejlighed. Det er en invitation til at udforske blomsternes kulinariske potentiale og forvandle dit køkken til et duftende og smagfuldt tilflugtssted.

# MORGENMAD OG BRUNCH

# 1. Courgetter blomst omelet

**INGREDIENSER:**
- 2 spsk rapsolie
- 2-3 fed hakket hvidløg
- ½ kop hakket løg
- ¼ kop hakket rød peber
- 12 zucchiniblomster, vasket og tørret
- 1 spsk hakket frisk basilikum
- ½ spsk hakket frisk oregano
- 4 æg
- Salt og peber

**INSTRUKTIONER:**
a) Forvarm ovnen til 400 grader F.
b) I en ovnfast stege varmes rapsolien op.
c) Tilsæt hvidløg, løg og rød peber.
d) Sauter cirka et minut.
e) Tilsæt zucchiniblomsterne og kog under omrøring af og til i cirka ti minutter, indtil de er let brunede.
f) Tilsæt basilikum og oregano. Rør for at blande godt.
g) I en skål piskes æg med salt og peber efter smag. Rør i grøntsagerne.
h) Sænk varmen og kog indtil æggene lige er sat. Sæt gryden i ovnen og bag den færdig i 15-20 minutter.
i) Skær i tern og server. Kan serveres ved varm eller stuetemperatur.

## 2.Æg fyldt med nasturtiums

**INGREDIENSER:**
- 2 hårdkogte æg
- 4 små Nasturtium blade og ømme stængler, hakket
- 2 Nasturtium-blomster, skåret i smalle strimler
- 1 kvist frisk kørvel, hakket
- 1 kvist Frisk italiensk persille, blade hakket fint
- 1 Grønt løg, hvid og lysegrøn del
- Ekstra jomfru oliven olie
- Fint havsalt efter smag
- Sort peber, groft malet, efter smag
- Nasturtium blade og Nasturtium blomster

**INSTRUKTIONER:**
a) Kog æggene hårdt i kogende vand, lige indtil blommerne er faste, ikke længere.
b) Skær hvert æg i halve på langs og fjern forsigtigt blommen. Læg æggeblommer i en skål og tilsæt nasturtiumblade, stilke og blomster og hakket kørvel, persille og grønt løg.
c) Mos med en gaffel, tilsæt nok olivenolie til at lave en pasta.
d) Smag til med havsalt og peber
e) Salt æggehvider let
f) Fyld forsigtigt hulrum med æggeblomme-urteblandingen.
g) Kværn lidt peber på toppen.
h) Anret nasturtium-blade på en tallerken og læg fyldte æg ovenpå.
i) Pynt med nasturtium-blomster.

## 3.Bagt blåblomst purløg omelet

**INGREDIENSER:**
- 4 æg
- 4 spsk Mælk
- Salt og peber efter smag
- 2 spsk Hakket purløg
- 3 spsk Smør
- 1 dusin purløgsblomster

**INSTRUKTIONER:**
a) Smelt smørret i en bradepande og kom derefter de resterende ingredienser i en blender og hæld det i den varme, smurte gryde.
b) Efterhånden som omelettens kanter begynder at stivne, skal du reducere varmen noget, og med en spatel vende de ubehandlede æg i bunden af stegepanden, indtil de alle er kogte.
c) Drys de vaskede blomster hen over toppen af æggene og fold derefter omeletten over og lad stege yderligere et par minutter. Tjene.

## 4.Abrikos-lavendel crepes

**INGREDIENSER:**
- 1½ spsk Smør
- ½ kop mælk
- 1½ spsk jordnøddeolie
- 6½ spsk All-purpose mel
- 1 spsk sukker, generøs
- 1 æg
- ⅓ teskefuld Friske lavendelblomster
- 14 tørrede abrikoser, tyrkiske
- 1 kop Riesling vin
- 1 kop vand
- 1½ tsk Appelsinskal, revet
- 3 spiseskefulde honning
- ½ kop Riesling vin
- ½ kop vand
- 1 kop sukker
- 1 spsk Appelsinskal
- ½ spsk limeskal
- 1 tsk friske lavendelblomster
- 1 knivspids fløde tatar
- Piskefløde med smag, valgfrit
- Lavendelkviste, til pynt

**INSTRUKTIONER:**
**CREPEDEJ**
a) Smelt smør ved moderat varme.
b) Fortsæt med at varme indtil smørret er en lysebrun farve.
c) Tilsæt mælk og varm lidt op.
d) Overfør blandingen til en skål. Pisk de resterende ingredienser i, indtil det er glat.
e) Stil på køl i en time eller mere.
f) Kog crepes, stabling med plastfolie eller pergament imellem for at forhindre at de klæber.
g) Stil på køl indtil klar til brug.

**ABRIKOSFYLD**
h) Kom alle ingredienser i en gryde.
i) Lad det simre i cirka en halv time, eller indtil abrikoserne er bløde.
j) Purér blandingen i en foodprocessor, indtil den er næsten glat. Fedt nok.

**RIESLING Sauce**
k) Kom alle ingredienser i en gryde.
l) Bring i kog under omrøring, indtil sukkeret er opløst.
m) Børst siderne af gryden ned med en pensel dyppet i koldt vand for at forhindre krystallisering.
n) Kog, børstning ned af og til, til 240 grader F. på et sliktermometer.
o) Fjern fra blusset og dyk bunden af gryden i isvand for at stoppe kogningen.
p) Chill.

**AT TJENE**
q) Rul 3 spiseskefulde fyld inde i hver crepe, så du kan tillade to crepes pr. portion.
r) Stil crepes i en smurt bradepande.
s) Dæk med folie smurt på indersiden. Opvarm i en 350 grader F. ovn.
t) Overfør crepes til serveringsfade. Hæld sauce over og omkring crepes.
u) Pynt med flødeskum, hvis det ønskes, og lavendelkviste.

## 5.Æg med purløgsblomster

**INGREDIENSER:**
- 2 spsk olivenolie
- 3 purløgsstængler med purløgsblomster
- 2 æg
- Kosher salt
- 1 flerkorns engelsk muffin eller 2 skiver brød

**INSTRUKTIONER:**
a) Varm olivenolien op i en stegepande.
b) Riv purløg og blomster groft i 2 til 3-tommer stykker og læg dem i olivenolien for at varme i 30 sekunder.
c) Knæk æggene i gryden, tilsæt et drys kosher salt, og fortsæt med at lave mad, indtil æggehviderne er kogte, men blommen stadig er flydende ca. 3 minutter.
d) Rist imens den engelske muffin.
e) Når æggene er færdige, skydes de over på de engelske muffins-halvdele og spises med kniv og gaffel.

# 6.Granola med spiselige blomster

**INGREDIENSER:**
- saft fra ½ citron
- skal fra 1 citron
- ¼ kop sukker
- 1 æggeblomme
- 2 spsk smør skåret i små
- ¼ kop græsk yoghurt
- ½ kop ristede mandler
- ½ kop blåbær
- ½ kop granola
- Stedmoderblomster, nasturtiums og nelliker

**INSTRUKTIONER:**
a) Kom citronsaft, citronskal, sukker og æggeblomme i en gryde.
b) Kog under konstant omrøring med en træske, indtil det bliver tykt.
c) Når den er klar, læg den på siden og tilsæt smørret og skær det i stykker. Rør det til smørret smelter og lad det køle af. Når det er koldt, tilsæt yoghurt og bland det i.
d) Rist mandler i en stegepande med en teskefuld olie.
e) Når alle ingredienser er klar, begynder du at lægge alle ingredienser i lag.
f) Start med granola, derefter halvdelen af nødderne, yoghurt-citronblandingen, bær og resten af nødderne, dæk med resten af yoghurtblandingen og pynt med spiselige blomster.

## 7. Cremet røræg med spiselige blomster

**INGREDIENSER:**

- 12 æg
- ½ kop let fløde
- 2 tsk hakkede friske kørvelblade
- 2 tsk hakkede friske estragonblade
- 2 tsk hakket frisk persilleblade
- 2 tsk hakket frisk purløg
- Salt og friskkværnet sort peber
- 4 spsk usaltet smør
- 8 ounce gedeost, smuldret
- Håndfuld spiselige blomster
- Friske persillekviste, til pynt
- ristet rugbrød

**INSTRUKTIONER:**

a) Pisk æg, fløde, kørvel, estragon, persille, purløg og lidt salt og peber i en røreskål.

b) Smelt smørret i en nonstick-gryde, tilsæt æggene og rør ved svag varme, indtil æggene lige er begyndt at stivne.

c) Rør gedeosten i stegepanden og fortsæt med at koge kort, mens du stadig rører af og til, indtil osten smelter. Tilsæt de spiselige blomster.

d) Til servering hældes nogle æg på rugbrødet og lægges på en tallerken med en persillekvist på toppen til pynt.

e) Server straks.

# 8. Stedmoderblomst pandekager

**INGREDIENSER:**
- 1½ kopper mælk
- ½ kop vand
- 1 spsk sukker
- ¼ teskefuld salt
- 3 spsk usaltet smør, smeltet
- ½ kop boghvedemel
- ¾ kop universalmel
- 3 æg
- 12 stedmoderblomster
- Stedmoderblomst simpel sirup eller blomstersirup af enhver art, til topping, hvis det ønskes

**INSTRUKTIONER:**
a) Kom alle ingredienser undtagen stedmoderblomst i en blender. Blend indtil glat.
b) Stil på køl i mindst 2 timer og op til natten over.
c) Lad dejen nå stuetemperatur inden stegning. Ryst godt.
d) Varm en nonstick-gryde op, og smelt smør.
e) Løft gryden fra varmen og hæld ¼ kop af dejen i midten, vip og drej panden rundt for at fordele den hurtigt og jævnt. Tilbage til varmen.
f) Efter cirka 1 minut, drys med stedmoderblomster.
g) Brug en spatel til at løsne crepeens kanter fra siderne af stegepanden.
h) Vend crepen og kog i yderligere 30 sekunder.
i) Vend eller skub den over på et serveringsfad. Gentag med den resterende dej.

# 9.Blomster kraftbrasiliansk Açaí skål

**INGREDIENSER:**
**TIL AÇAÍ**
- 200 g frossen açaí
- ½ banan, frossen
- 100 ml kokosvand eller mandelmælk

**TOPPINGS**
- Granola
- Spiselige blomster
- ½ banan, hakket
- ½ spsk rå honning
- Granatæblekerner
- Strimlet kokosnød
- Pistacienødder

**INSTRUKTIONER:**
a) Tilsæt blot din açaí og banan til en foodprocessor eller blender og blend, indtil det er glat.
b) Afhængigt af hvor potent din maskine er, skal du muligvis tilføje en smule væske for at gøre den cremet. Start med 100 ml og tilsæt mere efter behov.
c) Hæld i en skål, tilsæt dine toppings og nyd!

10.Morgenmad sød kartoffel med hibiscus te yoghurt

**INGREDIENSER:**
- 2 lilla søde kartofler

**TIL GRANOLAEN:**
- 2½ kopper havre
- 2 tsk tørret gurkemeje
- 1 tsk kanel
- 1 spsk citrusskal
- ¼ kop honning
- ¼ kop solsikkeolie
- ½ kop græskarkerner
- skvæt salt

**TIL YOGHURTEN:**
- 1 kop almindelig græsk yoghurt
- 1 tsk ahornsirup
- 1 hibiscus tepose
- spiselige blomster, til pynt

**INSTRUKTIONER:**
a) Forvarm ovnen til 425 grader og prik kartoflerne over det hele med en gaffel.
b) Pak kartoflerne ind i stanniol og bag dem i 45 minutter til en time.
c) Fjern fra ovnen og lad afkøle.

**TIL GRANOLAEN:**
d) Sænk ovnvarmen til 250 grader og beklæd en bageplade med bagepapir.
e) Kombiner alle granola-ingredienserne i en røreskål og rør, indtil alt er belagt med honning og olie.
f) Overfør til den beklædte bageplade og fordel ud så jævnt som muligt.
g) Bag i 45 minutter, omrør hvert 15. minut, eller indtil granolaen er brunet.
h) Fjern fra ovnen og lad afkøle.

**TIL YOGHURTEN:**
i) Lav hibiscus te efter teposens anvisninger og stil den til side til afkøling.
j) Når den er ved stuetemperatur, piskes ahornsirup og te ind i yoghurten, indtil du når en glat og cremet konsistens med en let lyserød nuance.

**AT SAMLE:**
k) Skær kartoflerne i halve og top med granola, yoghurt med smag og spiselige blomster til pynt.

## 11.Mango Smoothieskål

**INGREDIENSER:**
- 1,5 kop frosne mango bidder
- ½ kop græsk yoghurt med vanilje eller kokossmag
- ½ kop fuldfedt kokosmælk fuldfedt eller lite
- 2 skeer unflavored kollagen proteinpulver valgfri
- 1 tsk kokosolie
- 1 tsk honning infunderet eller almindelig
- ⅛ teskefuld malet ingefær
- ⅛ teskefuld malet gurkemeje
- ⅛ teskefuld malet sort peber valgfri

**INSTRUKTIONER:**
a) Tilsæt mango, yoghurt, kokosmælk, kollagen, honning, olie og ingefær til en blender.
b) Blend på høj i 1 minut, eller indtil silkeblød.
c) Pynt med yderligere mango og spiselige blomster, hvis det ønskes.

# MELLEMMÅLTID OG FORRETTER

## 12.Spiselige blomsterte-sandwicher

**INGREDIENSER:**
- ½ kop spiselige blomster som lilla, pæon, morgenfrue, pink, nellike, rose og lavendel
- 4 ounces blødgjort flødeost
- Tyndt skåret mørkt brød

**INSTRUKTIONER:**
a) Bryd blomsterne og bland dem med flødeost.
b) Fordel på brød.

## 13.Fyldte Nasturtiums

**INGREDIENSER:**
- Nasturtium blomster, omkring fire per person, vasket omhyggeligt og tørret
- 8 ounce flødeost, stuetemperatur
- 1 fed hvidløg, finthakket
- ½ spsk frisk purløg
- 1 spsk frisk citrontimian eller citronbasilikum, hakket

**INSTRUKTIONER:**
a) Bland flødeost grundigt med krydderurter.
b) Læg forsigtigt 1-2 teskefulde af blandingen i midten af blomsten med en ske eller kagepose.
c) Chill indtil servering.

## 14. Nasturtium rejeforrettersalat

**INGREDIENSER:**
- 2 tsk frisk citronsaft
- ¼ kop olivenolie
- Salt og peber
- 1 kop kogte rejer, hakket
- 2 spsk hakket løg
- 1 tomat i tern
- 1 Avocado, i tern
- Salatblade
- 2 spsk Hakkede nasturtiumblade
- Nasturtium blomster

**INSTRUKTIONER:**
a) Pisk citronsaft og olie sammen. Smag til med salt og peber.
b) Tilsæt løg og rejer og bland. Lad stå i 15 minutter.
c) Tilsæt tomat, avocado og hakkede nasturtiumblade.
d) Høj på salatblade og omkrans med friske hele nasturtium-blomster.

## 15. Mælkebøtte Blomsterfritter

**INGREDIENSER:**

- 1 kop fuldkornshvedemel
- 2 spsk olivenolie
- 2 teskefulde bagepulver
- 1 kop mælkebøtte Blomster, rene og
- Usprøjtet
- 1 knivspids salt
- 1 æg
- Ikke-lager vegetabilsk-olie spray
- ½ kop fedtfattig mælk eller vand

**INSTRUKTIONER:**

a) I en skål blandes mel, bagepulver og salt sammen. Pisk ægget i en separat skål, og bland det derefter med mælk eller vand og olivenolie. Bland med den tørre blanding.

b) Rør omhyggeligt gule blomster i, og pas på ikke at knuse dem. Sprøjt let en stegeplade eller stegepande med vegetabilsk olie. Varm op til den er gennemvarmet.

c) Hæld dejen på grillen i skefuld og steg som pandekager.

## 16.Majs- og morgenfruefritter

**INGREDIENSER:**
- 8 ounces majskerner
- 4 spsk tung fløde
- 1 spsk Mel
- ½ tsk bagepulver
- Havsalt
- Hvid peber
- 1 spsk Morgenfrue kronblade
- 1 spsk solsikkeolie eller mere

**INSTRUKTIONER:**
a) Kom majsene i en skål og hæld fløden over. Sigt mel og bagepulver i og smag til. Rør morgenfruebladene i.
b) Stil en stor, tung bradepande over høj varme og hæld olien i. Kom skefulde af fritterblandingen i olien og steg til de er gyldne på begge sider, vend én gang. Tryk blandingen flad med en spatel for at give en blondeeffekt i kanterne.
c) Kog fritterne i bundter, indtil al blandingen er brugt op, tilsæt eventuelt mere olie på panden.
d) Server varmt med en varm grøn grøntsag eller salat og brunt brød og smør.

## 17.Spiselige blomsterforårsruller

**INGREDIENSER:**
**FORÅRSRULLER**
- 8 radiser, skåret i strimler
- 5 grønne løg, skåret i strimler
- ½ agurk, skåret i strimler
- ½ rød peberfrugt, skåret i strimler
- ½ gul peberfrugt, skåret i strimler
- 1 avocado, skåret i strimler
- ½ kop friske krydderurter, groft hakket
- ½ kop spiselige blomster tilbage hele
- 9 forårsrullepapir af rispapir

**SOVS**
- 3 spsk mandelsmør
- 1 spsk sojasovs
- 1 spsk limesaft
- 1 spsk honning
- 1 tsk revet ingefær
- 1 spsk varmt vand

**INSTRUKTIONER:**
a) Kombiner alle sauce ingredienser i en skål.
b) Fyld et lavt fad med varmt vand. Arbejd en ad gangen og læg forsigtigt et rispapir i det varme vand i cirka 15 sekunder, eller indtil det er blødt og smidigt.
c) Flyt papiret til en fugtig overflade.
d) Arbejd hurtigt og stak fyld på rispapiret i en lang, smal række, efterlader omkring 2 tommer på hver side.
e) Fold siderne af rispapiret over højen, og rul derefter forsigtigt.
f) Dæk de færdige forårsruller i et fugtigt køkkenrulle, indtil de skal spises.
g) Server med mandelsmør-dipping sauce, eventuelt skåret i halve til servering.

# 18. Akacieblomstfrittere

**INGREDIENSER:**
- ½ kop almindeligt mel
- ½ tsk bagepulver valgfri
- ½ kop øl
- 10 friskplukkede akacieblomster
- 1 spsk brun farin
- ½ citron
- vegetabilsk olie til stegning

**INSTRUKTIONER:**
a) Ryst og inspicér dine akacieblomster for at fjerne snavs eller små insekter.
b) Lav dejen ved at kombinere mel og øl.
c) Pisk grundigt til det er glat, du skal have en flydende, lidt tyk dej.
d) Hold stilken og dyp blomsterne i dejen og lad det overskydende løbe væk.
e) Opvarm en stegepande med nok olie i til at dække bunden.
f) Steg fritterne til undersiden er gyldenbrun, vend dem og gentag.
g) Tilsæt mere olie, hvis du skal tilberede endnu en omgang.
h) Spises bedst meget hurtigt efter tilberedning.
i) Drys med brun farin og en skvæt citron.

## 19.Gedeost med spiselige blomster

**INGREDIENSER:**

- 4 ounces gedeost blødgjort
- fintrevet citronskal fra 1 citron
- 2 tsk friske timianblade
- friske timianblade og kviste til pynt
- spiselige blomster til pynt, valgfrit
- honning til drypning, valgfrit
- kiks til servering

**INSTRUKTIONER:**

a) Beklæd en skål eller ramekin med plastfolie.
b) Prøv at have så få rynker som muligt i plastfolien. Sæt til side.
c) Kombiner blødgjort gedeost, citronskal og timiankviste i en skål og rør for at kombinere.
d) Tilsæt gedeostblandingen til den forberedte skål, og brug bagsiden af en ske til at pakke blandingen ned for at slippe af med eventuelle luftlommer.
e) Træk overskydende plastfolie over osteblandingen og stil den på køl i 30 minutter .
f) Tag den ud af køleskabet og vend gedeostblandingen ud på et serveringssted.
g) Fjern plastfolie og pynt som ønsket med friske timianblade og/eller kviste og/eller spiselige blomster og kronblade.
h) Server med kiks og en skål honning til dryp.

# HOVEDRET

## 20.Adobo oksesalat med hibiscus sovs

**INGREDIENSER:**
- 1 spsk vegetabilsk olie
- 2 oksemørbrader, rensede
- ½ kop Adobo sauce
- ½ kop hvidvin
- ¼ kop sukker
- ½ kop Hibiscus blomster, tørret
- ½ kop ingefær, skrællet og skåret i tern
- Saft af 1 citron
- 2 spsk valnøddeolie
- 2 skalotteløg i tern
- 2 kopper abrikoser i tern
- 2 spsk basilikum, hakket
- 2 spsk mynte, hakket
- 2 tsk havsalt
- 1 pund blandet grønt, renset
- 1 pund babygrøntsager, skåret i halve længder
- 3 basilikumkviste

**INSTRUKTIONER:**
**ADOBO SAUCE**
a) Læg chili i blød i varmt vand i 15 minutter og purér.
b) Mariner oksekød i adobo sauce og vegetabilsk olie, og opbevar på køl.

**AT LAVE SOVS**
c) Kom vin, sukker, hibiscus, ingefær og citron i en gryde og bring det i kog.
d) Stil til side og stejl i mindst 15 minutter.
e) Si gennem en fin sigte uden at presse, tilsæt derefter valnøddeolie, ferskner, skalotteløg, basilikum og mynte, og smag til med salt.
f) Sæt til side.
g) I en sauterpande, ved høj varme, steges oksekødet i 45 sekunder til 1 minut på hver side.
h) Sauter babygrøntsager med basilikumkviste i vegetabilsk olie i 2 minutter og afglasér panden med 1 ounce vinaigrette.
i) Fordel grønt i midten af hver tallerken, læg oksekød ovenpå, og kom grøntsager og sovs omkring oksekød og grønt.

## 21.Blandet Blomster Og Ost Ravioli

**INGREDIENSER:**

- 12 Wonton skins
- 1 sammenpisket æg for at forsegle ravioli
- 1 kop blandede blomsterblade
- ⅓ kop Ricotta ost
- ⅓ kop Mascarpone ost
- 4 spsk hakket basilikum
- 1 spsk Hakket purløg
- 1 tsk hakket koriander
- ⅓ kop Blød hvede bred, smuldret
- 1½ tsk salt
- ½ tsk rød chilipasta
- 12 hele stedmoderblomster

**INSTRUKTIONER:**

a) Bland alle ingredienser, undtagen hele stedmoderblomster. For at forberede, læg wonton hud fladt på en overflade.
b) Læg 1 ½ tsk fyld i midten af wontonskind, top med 1 hel stedmoderblomst.
c) Fugt kanterne med sammenpisket æg og dæk med endnu et wontonskind.
d) Kog ved at koge i vand eller grøntsagsfond i cirka 1½ minut.
e) Server i en skål med tomat-basilikum bouillon.

## 22. Mælkebøtte Lasagne

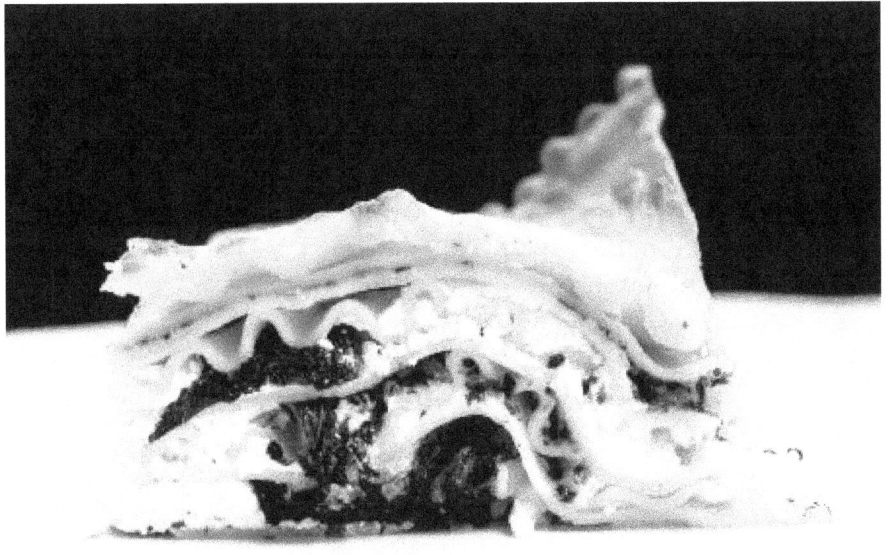

**INGREDIENSER:**
- 2 liter vand
- 2 pund mælkebøtteblade
- 2 fed hvidløg
- 3 spsk hakket persille, delt
- 1 spsk basilikum
- 1 tsk oregano
- ½ kop hvedekim
- 3 kopper tomatsauce
- 6 ounce tomatpure
- 9 Fuld hvede lasagne nudler
- 1 tsk olivenolie
- 1 pund Ricotta ost
- 1 skvæt cayennepeber
- ½ kop parmesanost, revet
- ½ pund mozzarellaost, skåret i skiver

**INSTRUKTIONER:**
a) Bring vand i kog, tilsæt mælkebøtter og kog indtil de er møre. Fjern mælkebøtter med en hulske, og reserver vand.
b) Læg mælkebøtter i en blender med hvidløg og 1 spsk persille, basilikum og oregano.
c) Blend grundigt, men pas på ikke at blive flydende.
d) Tilsæt hvedekim, to kopper tomatsauce og tomatpure.
e) Blend lige nok til at blande grundigt, og gem blandingen.
f) Bring vandet i kog igen. Tilsæt lasagne og olivenolie. Kog al dente. Dræn og reserver.
g) Bland ricottaost, cayenne og de resterende 2 spsk. persille, reserve.
h) Smør let bunden af en 9 x 13" bradepande.
i) Placer 3 lasagne nudler side om side som et første lag. Dæk med ⅓ af mælkebøttesaucen, derefter ½ af ricottaosten.
j) Ryst lidt parmesanost over ricottaen og dæk den med et lag mozzarellaskiver. Gentage.
k) Læg de sidste 3 lasagne nudler og den sidste ⅓ af mælkebøttesaucen. Dæk med resterende parmesan og mozzarella og en kop tomatsauce.
l) Bages ved 375 F. i 30 minutter.

## 23.Lam Og Portulak Med Kikærter

**INGREDIENSER:**
- 3 spsk olivenolie
- 1 løg, i tern
- 1 spsk stødt koriander
- ½ spsk stødt spidskommen
- 1 kg magert lam i tern
- 1½ spsk tomatpure
- 30 gram rød peberpasta
- ½ kop grønne linser, udblødt natten over
- ¾ kop kikærter, udblødt natten over
- ½ kop sortøjede ærter, udblødt natten over
- ½ kop groft bulgar
- 4 fed hvidløg, hakket
- 4 kopper grøntsagsfond
- 1 kg portulak, brøndkarse eller sølvroer, vasket og groft hakket
- Havsalt efter smag
- 2 citroner, kun juice
- 4 spsk olivenolie
- 1 tsk chiliflager
- 2 tsk tørret mynte

**INSTRUKTIONER:**
a) Varm olivenolien op, indtil den ryger, tilsæt derefter løgene og sauter, indtil de er gyldne.
b) Tilsæt koriander og spidskommen og bland kort med løgene, indtil de dufter, tilsæt derefter lammet og steg ved høj varme, indtil kødet er stegt udenpå, cirka 5 minutter.
c) Tilsæt linser, kikærter og sortøjede ærter og lad gryden simre i 25 minutter.
d) Tilsæt hvidløg og bulgar og bland godt, tilsæt 2 dl vand og fortsæt med at simre i ca. 20 minutter.
e) Krydr efter smag og tilsæt de hakkede grøntsager og bland godt, så grøntsager visner, kog i yderligere to minutter.
f) For at lave den smagfulde olie skal du varme olien op med chiliflager og mynte, indtil olien begynder at syde.
g) For at servere skal du dele gryden mellem retter og dryppe omkring en spiseskefuld af den varme olie over toppen.

## 24. Foliebagt fisk med mexicansk myntemorgenfrue

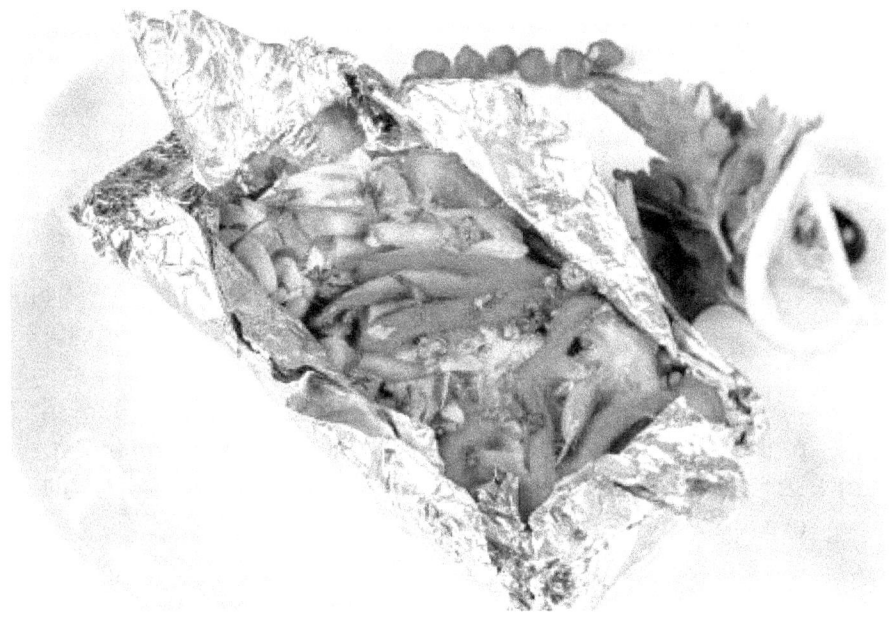

**INGREDIENSER:**
- 1 pund friske fiskefileter
- Tynde citronskiver
- Smør, efter smag
- Salt og peber efter smag
- 1 kop hakket mexicansk mynte morgenfrue blade

**INSTRUKTIONER:**
a) Læg fiskefileter på et stykke smørsmurt alufolie eller pergament.
b) Skær fileterne med 2" mellemrum og kom en tynd skive citron i hver udskæring. Drys fisken med smør, salt og peber, og drys derefter med mexicanske myntemorgenfrueblade.
c) Dobbeltfold kanterne af folien for at forsegle, fold pergament omkring fisken, bogstavstil, og vend derefter enderne under.
d) Bag pakken i ikke mere end 20 minutter i en forvarmet 350 F. ovn.
e) Fisken er færdig, når den let flager.

## 25.Sommerfugle Med Grøntsager Og Lavendel

**INGREDIENSER:**

- ½ pund pasta, såsom Sommerfugle, orecchiette eller gemelli
- 2 eller 3 fed hvidløg, skåret i tynde skiver eller knust
- 2 zucchini eller sommersquash, trimmet
- 2 gulerødder, skrællet og skåret
- 1 peberfrugt, udkeret
- 3 spsk ekstra jomfru olivenolie
- 1 tsk friske eller tørrede lavendelblomster, plus yderligere til pynt
- Salt og friskkværnet sort peber

**INSTRUKTIONER:**

a) Bring en gryde med vand i kog og salt det. Tilsæt pastaen og kog til den er al dente.
b) Skær i mellemtiden grøntsagerne i tynde skiver med en foodprocessor, mandolin eller kniv.
c) Hæld olivenolien i en uopvarmet stegepande og tilsæt hvidløg.
d) Kog hvidløget, indtil det begynder at blive gyldent, og rør af og til.
e) Når hvidløgene bliver gyldne tilsættes grøntsagerne. Drys med salt og peber og tilsæt lavendel, knus blomsterne i fingerspidserne for at frigive deres duft.
f) Kog, under omrøring af og til, indtil grøntsagerne næsten ikke er bløde, kun 5 minutter eller deromkring.
g) Forhåbentlig er pastaen næsten færdig, ligesom grøntsagerne er næsten færdige.
h) Dræn pastaen, gem lidt kogevand.
i) Tilføj pasta til grøntsager og fortsæt med at koge, tilsæt vand efter behov for at holde blandingen fugtig.
j) Når pasta og grøntsager er møre, men ikke grødet, justeres krydderier for salt og peber.
k) Pynt med et par lavendelblomster.

## 26. Brændenældepasta med vegansk parmesan

**INGREDIENSER:**

- ½ pund pasta
- 2,5 ounce friske brændenælder blade og spidser
- 3 spsk olivenolie
- 3 fed hvidløg, hakket
- 1 løg, i tern
- 1 tsk tørret persille
- ½ tsk tørret timian
- ½ tsk tørret basilikum
- 1/3 kop artiskokhjerter, hakket
- ½ kop vegansk parmesanost, revet
- Salt og peber efter smag
- Valgfrit: 1 kop violette blomster eller hvidløg sennepsblomster

**INSTRUKTIONER:**

a) Bring en gryde med vand i kog, salt og tilsæt pasta. Cirka 1 minut før din pasta er helt kogt, tilsæt brændenælderne til vandet.

b) Varm olien op i en stegepande, tilsæt hvidløg og løg og lad det stege i cirka 5 minutter. Hvis hvidløget hurtigt begynder at farve, skrues ned for varmen. Rør krydderierne i.

c) Inden du dræner nudlerne og brændenælderne, skal du tage ¼ kop af pastavandet og tilføje til stegepanden med løgene.

d) Dræn derefter pastaen og brændenælderne og tilsæt i gryden sammen med artiskokhjerterne, der kaster sig over. Sænk varmen og tilsæt den veganske parmesan, vend igen, indtil osten er smeltet og dækker nudlerne.

e) Tag nudlerne af varmen og pynt dem med spiselige blomster.

## 27. Vintergrøntsager og Gnocchi

## INGREDIENSER:

- 12-ounce pakke med forhakket frisk butternut squash
- 8 ounce cremini-svampe, halveret
- 1 kop frosne perleløg, optøet
- 2 spsk ekstra jomfru olivenolie
- 1½ tsk kosher salt
- ¼ tsk sort peber
- 16-ounce pakke kartoffelgnocchi
- 2 spsk saltet smør, blødgjort
- 2 ounce Parmigiano-Reggiano ost, revet, delt
- Hakket frisk fladbladet persille

## INSTRUKTIONER:

a) Forvarm ovnen til 450°F, og lad gryden stå i ovnen, mens den forvarmes.
b) Bland butternut squash, champignon, perleløg, olivenolie, salt og peber sammen.
c) Hæld grøntsagsblandingen i en let smurt bradepande.
d) Bag grøntsagsblandingen, indtil squashen er møre og brunet i cirka 20 minutter.
e) Tilbered gnocchierne i henhold til pakkens anvisninger, og behold 1 kop kogevand.
f) Tag grøntsagsblandingen ud af ovnen. Rør gnocchi og det bløde smør i.
g) Tilsæt gradvist op til 1 kop af det reserverede kogevand, ¼ kop ad gangen, under omrøring, indtil en lidt tyk sauce begynder at dannes.
h) Rør ¼ kop af den revne ost i.
i) Top med resterende ¼ kop ost.
j) Fordel grøntsags- og dumplingblandingen jævnt mellem 4 skåle.
k) Pynt med hakket persille, hvis det ønskes, og server straks.

**SUPPER**

## 28. Borage Blad & Hvedegræs Suppe

**INGREDIENSER:**
- 1 spsk usaltet smør
- 125 g forårsløg, hakket groft
- 200 g borageblade, strimlet
- 125 g friske ærter
- 1 l kyllinge- eller grøntsagsfond
- 4 kviste frisk have min t
- Havsalt og sort peber
- Ekstra jomfru oliven olie

**AT TJENE:**
- 6 spiseskefulde stegte kartofler med syltede vilde hvidløg blomsterknopper
- 4 blødpocherede kyllingeæg
- En håndfuld borageblomster
- En håndfuld Hvedegræs micros
- Et par ærter, rå og friskfrø

**INSTRUKTIONER:**
a) Smelt smørret i en gryde ved svag varme og steg forsigtigt forårsløgene i cirka fem minutter, eller indtil de er møre.
b) Tilsæt ærterne og lad det simre i yderligere et minut, før de strimlede borageblade tilsættes.
c) Hæld bouillon i og skru op for varmen for at opretholde en let simre.
d) Når fonden simrer, tilsæt myntebladene og kog i yderligere fem minutter, eller indtil grøntsagerne er bløde, men smagene stadig er levende.
e) Salt og peber efter smag, og purér derefter suppen i en blender, indtil den er glat.
f) Server straks med groft brød.

## 29. Squash blomstersuppe

**INGREDIENSER:**
- 6 spsk usaltet smør
- 2 løg, skåret i skiver
- 1 tsk salt eller mere efter smag
- ½ tsk Friskkværnet sort peber
- 3 fed hvidløg, skåret i skiver
- 2 liter grøntsagsfond
- 1 pund Zucchini eller andre squashblomster
- Halv og halv
- ½ kop revet Anejo ost
- 1 lime, skær 6 eller 8 skiver

**INSTRUKTIONER:**
a) Smelt smørret ved moderat varme i en gryde.
b) Svits løgene med saltet i cirka 5 minutter.
c) Tilsæt hvidløg og steg i 1 til 2 minutter længere. Hæld grøntsagsfond eller vand i.
d) Bring i kog, reducer til en simre og kog i 10 til 12 minutter. Rør derefter blomsterne i og kog i 5 minutter længere.
e) Overfør til en blender eller foodprocessor og purér indtil glat.
f) Sigt gennem en si tilbage i suppegryden.
g) Hæld det halve og det halve i og bring det i kog igen.
h) Smag til med salt og peber.
i) Serveres varm, pyntet med ost og limebåde.

## 30.Kørvel Nasturtium suppe

**INGREDIENSER:**
- 2 liter, vand
- Salt
- 2 kopper Frisk kørvel
- 1 kop Nasturtium blade
- 1 kop Brøndkarse blade
- 1 pund kartofler skrællet og delt i kvarte
- 1 kop tung fløde
- 1 spsk Smør

**INSTRUKTIONER:**
a) I en gryde bringes vandet i kog ved høj varme.
b) Tilsæt salt, reducer varmen, og tilsæt kørvel, nasturtium og brøndkarseblade og kartofler.
c) Lad det simre forsigtigt i 1 time.
d) Purér suppen i en foodprocessor eller blender i flere omgange.
e) Lige inden servering røres fløden i, og hvis suppen er afkølet, varmes den forsigtigt op igen. Læg smørret i bunden af en terrin og hæld den varme suppe over.
f) Pynt med nasturtiumblade, hvis det ønskes.

## 31.Asiatisk krysantemum skål

**INGREDIENSER:**
- 2 liter hønsebouillon
- ¾ spsk sesamolie
- 2 tsk salt
- 4 ounce bønnetråde cellofan nudler
- 1 Kålhoved, strimlet
- 1 pund spinat, frisk
- 2 udbenede kyllingebryster
- 8 ounces kyllingelever
- 8 ounce svinemørbrad
- 8 ounces fast hvid fisk
- 8 ounce rejer
- 1 kop østers
- 3 spsk sojasovs
- 2 spsk Sherry
- 2 store krysantemum

**INSTRUKTIONER:**
a) Skær alt kød og grøntsager i skiver på kinesisk måde.
b) Bring hønsefond, olie og salt i kog i en serveringsgryde.
c) Anret nudler og alle råvarer smukt på et fad.
d) Tilsæt sherry og sojasauce til den boblende bouillon.
e) Forsyn gæsterne med spisepinde og serveringsskåle. invitere gæster til at tilføje råvarerne til bouillonen.
f) Lad koge lige indtil fisk og rejer er uigennemsigtige.
g) Lige før gæsterne serverer sig selv fra gryden, drysses blade fra krysantemum ovenpå den boblende suppe.
h) Server suppen i skåle.

## 32. Sort bønnesuppe og purløgsblomst s

**INGREDIENSER:**
- 1 pund tørrede sorte bønner
- 1 hver spsk usaltet smør
- 1 kop finthakkede vilde løg
- 3 fed hvidløg, pillede og
- 4 majstortillas
- 1 kop solsikkeolie
- ½ kop Groftkværnet blå majsmel stødt
- 1 tsk salt
- ¼ tsk sort peber
- 10 kopper vand
- Lilla purløgsblomster, hakket purløg og creme fraiche til pynt

**INSTRUKTIONER:**

a) Læg bønnerne i blød natten over i vand, så de dækker dem. Dagen efter drænes bønnerne.
b) Smelt smørret i en gryde.
c) Tilsæt de vilde løg og sauter indtil de er gennemsigtige, cirka 3 minutter.
d) Tilsæt hvidløg, sauter i 1 minut mere, og tilsæt de drænede bønner, salt, peber og 4 kopper vand.
e) Bring det i kog over høj varme, reducer derefter varmen og lad det simre under låg i 30 minutter, mens du rører af og til for at undgå at brænde bønnerne.
f) Tilsæt yderligere 4 kopper vand og kog uden låg i yderligere 30 minutter, igen under omrøring af og til.
g) Tilsæt de resterende 2 kopper vand og kog i 20 minutter, indtil bønnerne er bløde, men stadig faste. Mens bønnerne koger, forbereder du tortillachipsene.
h) Stabel tortillaerne på en arbejdsflade. Med en skarp kniv skærer du de runde tortillas i 3 sammenkoblede trekanter.
i) Varm olien op i en stegepande, indtil den er meget varm, men ikke ryger.
j) Læg forsigtigt hver tortilla-trekant i olien.
k) Lad tortillaerne koge i 30 sekunder, og vend tortillaerne med en gaffel, og gentag derefter processen med de resterende tortillas.
l) Fjern chipsene fra olien og dyp et hjørne af hver chips i det blå majsmel.
m) Læg på et køkkenrulle for at dryppe overskydende olie af.
n) Pynt suppen med chips, lilla purløgsblomster og hakket purløg.
o) Serveres varm med creme fraiche ved siden af.

## 33. Nasturtium salatsuppe

**INGREDIENSER:**
- 1 cos salat eller romainesalat
- 25 g nasturtiums blomster og blade
- 25 g smør
- 1 stang selleri hakket
- 1 løg hakket
- 1 fed hvidløg hakket
- 500 ml grøntsagsfond eller hønsefond
- 1 kartoffel skrællet og hakket
- 100 ml mandelmælk eller anden mælk efter eget valg
- Salt og peber efter smag

**INSTRUKTIONER:**
a) Hak salat og nasturtium og stil til side.
b) Smelt smør i en gryde og steg løg og selleri i 5 minutter, tilsæt derefter hvidløg og steg i yderligere 2 minutter.
c) Tilsæt den hakkede salat, nasturtiums, kartofler og bouillon og lad det simre i 20 minutter.
d) Pisk med en stavblender og tilsæt mælk og krydderier.
e) Serveres enten varm eller kold og pyntet med finthakkede nasturtium-blomster og kronblade på toppen.

## 34. Fennikelsuppe med spiselige blomster

**INGREDIENSER:**
- 2 skalotteløg, hakket fint
- 2 fed hvidløg, hakket
- 3 fennikel, delt i kvarte og i tern
- 200 gram stivelsesholdige kartofler
- 2 spsk olivenolie
- 800 milliliter grøntsagsbouillon
- 100 milliliter flødeskum
- 2 spsk Crème fraiche
- 2 centiliter Vermouth
- salt
- friskkværnet peberfrugt
- 2 spsk persille, hakket
- Borageblomst til pynt

**INSTRUKTIONER:**
a) Hak halvdelen af fennikelbladene fint, og stil resten af bladene til side.
b) Skræl og skær kartoflerne i tern.
c) Varm olien op på en pande, og svits skalotteløg og hvidløg.
d) Tilsæt fennikel og sauter kort. Tilsæt bouillon og kartofler, og bring det i kog.
e) Reducer varmen til lav, og lad det simre i 20-25 minutter.
f) Purér suppen og tilsæt derefter fløde, creme fraiche, persille og hakkede fennikelblade.
g) Tilsæt vermouth og smag til med salt og peber.
h) Hæld suppen i skåle, pynt med de resterende fennikelblade og borage, og server.

## 35.Grøn ærtesuppe med purløgsblomster

**INGREDIENSER:**
- 1 spsk ekstra jomfru olivenolie
- 2 tykke skiver fuldkornsrugbrød i tern
- Havsalt og friskkværnet peber
- Frisk purløg med blomster til pynt
- 2 ¾ dl grøntsagsfond
- 10 ounce friske eller frosne ærter
- ¼ teskefuld wasabi pulver eller pasta
- ¾ kop fuldfedt almindelig yoghurt
- Efterbehandlingsolie til støvregn

**INSTRUKTIONER:**
a) Varm olivenolien op i en gryde.
b) Smid brødterningerne i olien, vend dem med en tang eller en varmefast spatel for at riste på alle sider i cirka 4 minutter. Smag til med salt og peber.
c) Overfør til en tallerken til afkøling.
d) Træk purløgsblomsterne fra purløgene og hak de grønne skud.
e) Varm fonden op i en suppegryde ved høj varme, indtil den simrer. Tilsæt ærterne og kog indtil lysegrønne og lige kogte i 8 til 10 minutter.
f) Fjern fra varmen og brug en stavblender eller overfør suppen til en blender i portioner for at bearbejde indtil glat, cirka 3 minutter.
g) Tilsæt wasabi og smag til med salt og peber. Tilsæt yoghurten og bearbejd indtil glat og let cremet, 2 til 3 minutter.
h) Kom tilbage i gryden og hold den varm over svagt blus, indtil du skal servere.
i) Hæld suppen i skåle, top med croutoner og dryp med olivenolie.
j) Smag til med peber og fordel den hakkede purløg og deres blomster generøst over toppen. Serveres varm.

## 36. Vichyssoise Med Borage Blomster

**INGREDIENSER:**

- 6 Porrer, rensede, toppe trimmet
- 4 spsk Smør
- 4 kopper kylling eller grøntsagsbouillon
- 3 kartofler i tern
- 2 spsk hakkede borageblade
- 1 kop creme fraiche
- Salt og peber
- Muskatnød

**INSTRUKTIONER:**

a) Skær porrerne i tynde skiver.
b) Smelt smør i en gryde, tilsæt porrer og svits ved moderat varme, indtil det er blødt.
c) Tilsæt bouillon, kartofler og purløg.
d) Bring det i kog og lad det simre under låg i 35 minutter, eller indtil kartoflerne er møre. Stamme.
e) Purér grøntsagerne i en foodprocessor. Kombiner puré og bouillon og afkøl.
f) Lige inden servering røres creme fraiche i.
g) Smag til med salt, peber og muskatnød, og pynt med borageblomster.

# SALATER

## 37.Regnbuesalat

**INGREDIENSER:**
- 5-ounce pakke butterhead salat
- 5-ounce pakke rucola
- 5-ounce pakke med Microgreens
- 1 tynde skiver vandmelon radise
- 1 tynde skiver lilla radise
- 1 tynde skiver grøn radise
- 3 regnbuegulerødder, skåret i bånd
- 1/2 kop tyndt skåret snapsærter
- 1/4 kop rødkål, strimlet
- 2 skalotteløg, skåret i ringe
- 2 blodappelsiner, segmenteret
- 1/2 kop blodappelsinjuice
- 1/2 kop ekstra jomfru olivenolie
- 1 spsk rødvinseddike
- 1 spsk tørret oregano
- 1 spsk honning
- Salt og peber efter smag
- til pynt spiselige blomster

**INSTRUKTIONER:**
a) Bland olivenolie, rødvinseddike og oregano i en beholder. Tilsæt skalotteløgene og lad dem marinere i mindst 2 timer på køkkenbordet.
b) Stil skalotteløgene til side.
c) I en krukke piskes appelsinjuice, olivenolie, honning og et strejf af salt og peber sammen, indtil det er tykt og glat. Smag til med salt og peber efter smag.
d) Smid mikrogrønt, salat og rucola med omkring ¼ kop af vinaigretten i en meget røreskål.
e) Smid halvdelen af radiserne, gulerødderne, ærterne, skalotteløgene og appelsinsegmenterne sammen.
f) Saml alt i et farverigt mønster.
g) Tilføj ekstra vinaigrette og spiselige blomster for at afslutte.

## 38.Mikrogrønt og sneærtesalat

**INGREDIENSER:**
**VINAIGRETTE**
- 1½ dl jordbær i tern
- 2 spsk hvid balsamicoeddike
- 1 tsk ren ahornsirup
- 2 tsk limesaft
- 3 spsk olivenolie

**SALAT**
- 6 ounce mikrogrønt og/eller salatgrønt
- 12 sneærter, skåret i tynde skiver
- 2 radiser, skåret i tynde skiver
- Halvede jordbær, spiselige blomster og friske urtekviste til pynt

**INSTRUKTIONER:**
a) For at lave vinaigretten skal du piske jordbær, eddike og ahornsirup sammen i en blandeskål. Si væsken fra og tilsæt limesaft og olie.
b) Smag til med salt og peber.
c) For at lave salaten skal du kombinere mikrogrønt, sneærter, radiser, gemte jordbær og ¼ kop vinaigrette i en røreskål.
d) Tilsæt halverede jordbær, spiselige blomster og friske urtekviste som pynt.

## 39. Nasturtium og druesalat

**INGREDIENSER:**
- 1 hoved af rød salat
- 1 kop druer uden kerner
- 8 Nasturtium blade
- 16 Nasturtium blomstrer

**VINAIGRETE:**
- 3 spsk salatolie
- 1 spsk hvidvinseddike
- 1½ tsk dijonsennep
- 1 knivspids sort peber

**INSTRUKTIONER:**
a) På hver af de fire tallerkener arrangeres 5 røde salatblade, ¼ kop druer, 2 nasturtiumblade og 4 nasturtiumblomster.
b) Pisk alle vinaigrette-ingredienserne sammen i en skål.
c) Dryp dressingen lige over hver salat.
d) Server straks.

## 40. Sommersalat med tofu og spiselige blomster

**INGREDIENSER:**
**TIL SOMMERSALATEN:**
- 2 hoveder smørsalat
- 1 pund lammesalat
- 2 gyldne kiwier bruger grøn, hvis golden ikke er tilgængelig
- 1 håndfuld spiselige blomster valgfrit - jeg brugte natlys fra min have
- 1 håndfuld valnødder
- 2 tsk solsikkekerner valgfri
- 1 citron

**TIL TOFU FETA:**
- 1 blok tofu brugte jeg ekstra fast
- 2 spsk æblecidereddike
- 2 spsk frisk citronsaft
- 2 spsk hvidløgspulver
- 2 spsk løgpulver
- 1 tsk dild frisk eller tør
- 1 knivspids salt

**INSTRUKTIONER:**
a) Skær den ekstra faste tofu i tern i en skål, tilsæt alle de øvrige ingredienser og mos med en gaffel.
b) Kom i en lukket beholder og stil i køleskabet i et par timer.
c) Til servering skal du arrangere de større blade i bunden af din store skål: smørsalat og lammesalat ovenpå.
d) Skær kiwierne i skiver og læg dem oven på salatbladene.
e) Drys nogle valnødder og solsikkekerner i skålen.
f) Pluk og omhyggeligt dine spiselige blomster. Placer dem forsigtigt omkring din salat.
g) Tag tofu-fetaen ud af køleskabet, på dette tidspunkt skulle du kunne skære i den/smuldre den. Læg nogle store stykker rundt omkring.
h) Saft en halv citron over det hele, og kom den anden halvdel til bordet for at tilføje lidt.

## 41.Kartoffel og Nasturtium salat

**INGREDIENSER:**
- 6 Nye kartofler, lige store
- 1 spsk havsalt
- 3 kopper Nasturtium skud, de meget ømme
- Unge blade og stængler, løst pakket
- ½ kop hakket dild pickles
- 2 spsk Syltede nasturtium knopper eller kapers
- 1 fed hvidløg, hakket
- 5 spsk ekstra jomfru olivenolie
- ¼ kop rødvinseddike
- Friskkværnet sort peber efter smag
- 2 spsk italiensk persille, hakket
- 1 hånd Nasturtium kronblade
- 1 hel Nasturtium blomst og blade, til pynt

**INSTRUKTIONER:**
a) Læg kartofler i gryden og dæk med vand med cirka 2 inches sammen med 1 spsk havsalt. Dæk til og bring i kog.
b) Tag låget af gryden, og lad det koge kraftigt i cirka 20 minutter, eller indtil kartoflerne er lige møre.
c) Dræn kartoflerne og lad afkøle.
d) Når kartoflerne er kolde nok til at kunne håndteres, skrælles de og skæres i pæne tern.
e) Overfør kartofler til en skål.
f) Hak nasturtiumblade og møre stilke og tilsæt til skålen sammen med dildsyltelag, nasturtiumknopper og hvidløg.
g) Tilsæt olivenolie, eddike, salt og peber efter smag.
h) Vend forsigtigt, pas på ikke at knuse kartoflerne.
i) Hæld kartoffelsalat på en gammeldags serveringsfad og drys hakket persille over.
j) Skær kronbladene i strimler og drys over salaten. Pynt med hele blomster og blade.

## 42. Mælkebøtte og chorizosalat

**INGREDIENSER:**
- En salatskål med unge mælkebøtteblade
- 2 skiver Brød, skåret i skiver
- 4 spsk olivenolie
- 150 gram chorizo i tykke skiver
- 2 fed hvidløg, hakket
- 1 spsk rødvinseddike
- Salt og peber

**INSTRUKTIONER:**
a) Pluk mælkebøttebladene, skyl og tør i et rent viskestykke. Hæld i en serveringsskål.
b) Skær skorperne af brødet og skær det i tern. Varm halvdelen af olivenolien op i en stegepande.
c) Steg croutonerne ved moderat varme, vend ofte, indtil de er ret jævnt brune.
d) Afdryp på køkkenpapir. Tør panden af og tilsæt den resterende olie. Steg chorizo eller lardon ved høj varme, indtil de er brune.
e) Tilsæt hvidløg og steg et par sekunder længere, og tag derefter varmen af. Fjern chorizoen med en hulske og fordel den over salaten.
f) Lad gryden køle af i et minut, rør eddike i, og hæld det hele over salaten.
g) Fordel croutonerne, krydr med salt og peber, vend rundt og server.

## 43. Borage & Agurker i cremefraichedressing

**INGREDIENSER:**
- 3 lange agurker
- Salt
- ½ pint creme fraiche
- 2 spsk riseddike
- ½ tsk selleri frø
- ¼ kop hakket spidskål
- 1 tsk sukker
- Salt og peber
- ¼ kop Unge borageblade, finthakket

**INSTRUKTIONER:**
a) Vask, udkern og skær agurker i tynde skiver.
b) Salt let og lad stå i et dørslag i 30 minutter for at dryppe af. Skyl og dup tør.
c) Bland de resterende ingredienser, smag til med salt og peber.
d) Tilsæt agurker og vend let.
e) Pynt med borageblomster eller purløgsblomster.

## 44.Rødkål med krysantemum s

**INGREDIENSER:**
- 1 rødkål, udkernet og tyndt
- ¼ kop smør
- 1 løg, skåret i ringe
- 2 store æbler, skrællede, udkernede, skåret i tynde skiver
- 2 spiseskefulde gule krysantemum kronblade
- 2 spsk brun farin
- Koldt vand
- 4 spsk rødvinseddike
- Havsalt
- Peber
- Smør
- Friske kronblade af krysantemum

**INSTRUKTIONER:**
a) Blancher rødkålen i kogende vand i 1 minut.
b) Dræn, frisk op og sæt til side. Varm smørret op i en stegepande, læg løgringene i, og sved i 4 minutter, indtil det er blødt.
c) Rør æbleskiverne i og kog i 1 minut mere.
d) Kom kålen i en dyb flammesikker gryde med tætsluttende låg.
e) Bland løg, æbler og krysantemums kronblade i, og vend alle ingredienserne, så de bliver godt dækket af smørret.
f) Drys sukkeret over og hæld vand og eddike i. Krydr let.
g) Tilbered ved lav varme eller i ovnen ved 325F/170/gas 3 i 1½ - 2 timer, indtil kålen er blød.
h) Lige inden servering tilsættes en god klat smør og nogle friske krysantemumblade.

## 45. Asparges salat

**INGREDIENSER:**
**ASPARGESSALAT**
- 1 bundt asparges
- 5 radiser, skåret i tynde skiver
- 3 grønne løg, kun skåret grønne toppe
- citronskal fra en citron

**CITRONVINAIGRETE**
- ¼ kop citronsaft
- 2 spsk lys olivenolie
- 2 tsk sukker
- salt og peber efter smag

**PYNT**
- Citronskiver
- Økologiske gule stedmoderblomster

**INSTRUKTIONER:**
a) Start med at koge vand for at dampe aspargesene.
b) Forbered en skål isvand for at chokere aspargesen, når den er kogt.
c) Damp aspargesene i 5 minutter, eller indtil de er møre, men stadig sprøde.
d) Chok aspargesene i isvand og skær derefter aspargesene i 2-tommers stykker.

**CITRONVINAIGRETE**
e) Bland citronsaften og sukkeret sammen og lad det stå, indtil sukkeret er opløst.
f) Tilsæt olien og smag til med salt og peber.

**ASPARGESSALAT**
g) Hvis du har tid, mariner du aspargesene i dressingen i 30 minutter.
h) Tilsæt radiser og spidskål og rør rundt.
i) Pynt med citronskiver og friske stedmoderblomster og server med det samme.

## 46. Stedmoderblomst salat

**INGREDIENSER:**
- 6 kopper baby rucola
- 1 æble, meget tynde skiver
- 1 gulerod
- ¼ rødløg, meget tynde skiver
- en håndfuld diverse friske urter såsom basilikum, oregano, timian, kun blade
- 2 ounce cremet gedeost, brug knuste pistacienødder til veganer
- Stedmoderblomster, stilken fjernet

**VINAIGRETTE**
- ¼ kop blodappelsin
- 3 spsk olivenolie
- 3 spsk champagneeddike
- knivspids salt

**INSTRUKTIONER:**
a) Pisk vinaigretten sammen, og juster en af ingredienserne efter din smag.
b) Læg det grønne i en bred salatskål.
c) Skræl og barber guleroden i tynde strimler med en grøntsagsskræller.
d) Tilføj til det grønne sammen med æbleskiver, løg og krydderurter.
e) Vend med dressingen og pynt salaten med krymmel af gedeost og stedmoderblomster.
f) Server straks.

## 47. Grøn salat med spiselige blomster

**INGREDIENSER:**
- 1 tsk rødvinseddike
- 1 tsk dijonsennep
- 3 spsk ekstra jomfru olivenolie
- Groft salt og friskkværnet peber
- 5 ½ ounce møre babysalatgrøntsager
- 1 pakke usprøjtede bratscher eller andre spiselige blomster

**INSTRUKTIONER:**
a) Kom eddike og sennep i en skål.
b) Pisk gradvist olie i, og smag derefter dressingen til med salt og peber.
c) Vend dressingen med grønt og top med blomster. Server straks.

# KRYDER OG GARNIER

# 48. Nasturtium Pesto

**INGREDIENSER:**

- 50 nasturtium blade
- ¼ kop pistacienødder, ristede
- ½ kop olivenolie
- ½ kop parmesanost
- 1 knivspids rød peber r
- salt og peber efter smag

**INSTRUKTIONER:**

a) Vask nasturtiumbladene og ryst dem tørre.
b) Fyld din foodprocessor op ¾ af vejen, løst, med blade.
c) Blend indtil de er hakket. Tilsæt flere blade og blend.
d) Fortsæt dette, indtil alle bladene er blandet.
e) Tilsæt pistacienødderne og blend til de er finthakkede.
f) Tilsæt ost, rød peber og halvdelen af olien. Blanding.
g) Tilsæt mere olie, indtil den har den ønskede konsistens.

## 49. Jordbær lavendel marmelade

**INGREDIENSER:**

- 1 pund jordbær
- 1 pund sukker
- 24 lavendel stilke
- 2 citroner, saft af

**INSTRUKTIONER:**

a) Vask, tør og skræl jordbærrene.
b) Læg dem i en skål med sukkeret og 1 dusin af lavendelstilkene, og stil dem et køligt sted natten over.
c) Kassér lavendel og læg bærblandingen i en ikke-aluminiumsgryde.
d) Bind de resterende lavendelstængler sammen og tilsæt dem til bærene.
e) Tilsæt citronsaften.
f) Kog op, og lad det derefter simre i 25 minutter.
g) Skum eventuelt skum fra toppen. Kassér lavendel og hæld marmeladen i steriliserede glas. Forsegle.

## 50. Honningsuckle sirup

**INGREDIENSER:**

- 4 pund Friske kaprifolier kronblade
- 8 pints Kogende vand
- Sukker

**INSTRUKTIONER:**

a) Infunder kronblade i vand i 12 timer.
b) Stil til side i et par timer.
c) Dekanter og tilsæt dobbelt så meget sukker, og lav en sirup.

## 51.Violet honning

**INGREDIENSER:**
- ½ kop Letpakket pesticidfri violblomst uden stilke
- ½ kop honning

**INSTRUKTIONER:**
a) Skyl violer i en skål med koldt vand og centrifuger dem forsigtigt tørre i en salatslynge.
b) I en gryde eller en kop, der tåler mikroovn, opvarm honning lige til kogning.
c) Tag honningen af varmen og rør violer i.
d) Dæk og lad violer trække i 24 timer.
e) Næste dag opvarmes honning med violer lige indtil den løber.
f) Hæld honning på klem gennem en fin si og kassér violer.
g) Dæk glasset til, og opbevar honning med violet smag et køligt, mørkt sted.
h) Brug inden for en uge.

## 52. Blomsterpynt til ost

**INGREDIENSER:**
- Spiselige blomster eller urter vaskes
- tør ost
- 2 kopper tør hvidvin
- 1 kuvert med gelatine uden smag

**INSTRUKTIONER:**
a) Læg blomster og krydderurter fladt oven på osten i et design, som du kan lide.
b) Fjern derefter blomster og krydderurter, og læg dem til side i mønsteret.
c) Bland hvidvin og gelatine i en gryde.
d) Rør indtil gelatinen er helt opløst og blandingen er klar.
e) Fjern fra varmen og sæt gryden i en større beholder fyldt med is.
f) Bliv ved med at røre, mens det tykner.
g) Læg osten på en rist over et fad for at fange dryppene fra glasuren.
h) Hæld gelatinen over osten og fordel den jævnt.
i) Stil på køl i 15 minutter, tag derefter ud af køleskabet og hæld mere glasur over blomsterne.
j) Server med kiks.

## 53. Kandiserede violer

**INGREDIENSER:**
- ½ kop -vand
- 1 kop sukker, granuleret
- Mandelekstrakt eller rosenvand
- Friske violer el
- Friske rosenblade

**INSTRUKTIONER:**
a) Disse er dekorationer til desserter.
b) Lav sirup ved at røre vand i sukker i en gryde.
c) Kog til det er lidt tyknet.
d) Rør mandelekstrakten i efter smag. Lad siruppen køle lidt af.
e) Læg violerne, et par ad gangen, i sirup.
f) Sørg for, at de er helt dækket.
g) Fjern den fra siruppen og læg den på vokspapir for at tørre.
h) Hvis siruppen bliver hård, opvarmes den igen og tilsættes lidt mere vand.

## 54.Stegt krysantemum Løg

**INGREDIENSER:**
- 16 gule løg
- 1 tsk sukker
- ¼ kop kyllingebouillon
- 3 spsk usaltet smør

**INSTRUKTIONER:**
a) Forvarm ovnen til 450 grader F.
b) Trim rodenden af hvert løg fladt med en skarp kniv, så det stadig er intakt, men vil stå på enden.
c) Stil hvert løg på dets rodende, skær parallelle lodrette skiver med ¼-tommers mellemrum ind i, men ikke gennem løget, og stop omkring ¾-tommer over rodenden.
d) Roter hvert løg 90 grader og skær parallelle lodrette skiver på samme måde for at danne et krydsskraveringsmønster, så løgene holdes intakte.
e) Læg løg og rodspidser ned i en let smurt, lavt ovnfad nok til at lade løg åbne sig, eller "blomstre", og drys med sukker og salt efter smag.
f) Varm bouillon og smør op i en gryde ved moderat høj varme, indtil smørret er smeltet, og hæld det over løg.
g) Dæk løg med folie og steg midt i ovnen i 45 minutter, eller indtil de er møre.
h) Fjern folien og rist løg, dryp lejlighedsvis, i 30 til 45 minutter mere, eller indtil de er gyldne.
i) Løg kan laves 1 dag frem og afkøles tildækket. Varm løg op inden servering.

## 55. Kandiserede rosenblade

**INGREDIENSER:**
- 2 roser
- 1 æggehvide
- 1 tsk vand
- 1 kop sukker

**INSTRUKTIONER:**
a) Læg rosenbladene på en bageplade beklædt med bagepapir.
b) Tilsæt 1 tsk vand til 1 æggehvide, og pisk godt.
c) Brug en wienerbrødspensel, dæk rosenbladene let med æggevæsken og drys straks med sukker.
d) Læg tilbage på bagepapiret, så rosenbladene tørrer helt natten over.
e) Rosenbladene hærder natten over og kan opbevares og bruges sikkert i op til 3 uger.

## 56. Honning med lilla blomster

**INGREDIENSER:**
- 2 kopper friske lilla blomster med grønne stængler fjernet
- 1 ½ kop rå honning eventuelt lidt mere

**INSTRUKTIONER:**
a) Klip syrenblomsterne af stilken med en saks og læg dem i en murerkrukke på størrelse med en halv liter.
b) Når krukken er fuld af syrenblomster, hæld rå honning i for at dække blomsterne helt.
c) Lad honningen sætte sig lidt i glasset, og top derefter glasset med mere honning for at dække blomsterne.
d) Efter lidt vil syrenblomsterne uundgåeligt flyde til toppen af honningen, og det er ok.
e) Sæt låg på glasset og lad honningen trække i mindst et par dage og op til flere uger før brug, og rør blomsterne lidt op, så ofte du tænker på det.
f) Når du er klar til at bruge honningen, kan du nemt øse massen af blomster ud fra toppen af krukken med en ske.

## 57. Hyben- og ribssauce

**INGREDIENSER:**
- 1½ kop vand
- 3 ounce hyben
- ½ kop brun farin
- 1 kanelstang
- 3 Hibiscus teposer
- 1 kop Ribsgele, rød eller sort
- 1 spsk citronsaft
- 1½ tsk smør
- ½ tsk mel

**INSTRUKTIONER:**
a) Kog vand, kanel og urtete, indtil vandet er reduceret til en kop.
b) Fjern kanel og urtete og tilsæt brun farin, citronsaft og hyben, og lad det simre hurtigt, indtil vandet er lige over hyben.
c) Tilsæt derefter ribsgeléen og rør, indtil det hele er opløst, fortsæt med at simre i fem minutter, mens du rører hele tiden, og se omhyggeligt, om det svir.
d) Blend smør og mel grundigt, og rør det i ribsgeleblandingen, til det er tyknet.
e) Tag blandingen af varmen, den er klar til brug.

# DRIKKE

## 58.Matcha Og Nasturtiums Smoothieskål

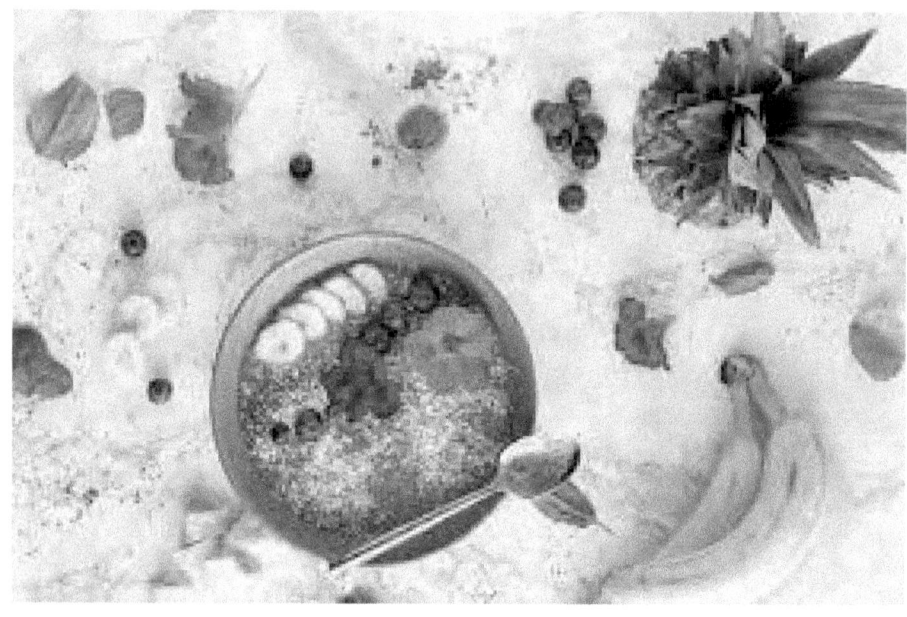

**INGREDIENSER:**
- 1 kop spinat
- 1 frossen banan
- ½ kop ananas
- ½ tsk matcha-pulver af høj kvalitet
- ½ tsk vaniljeekstrakt
- 1/3 kop usødet mandelmælk

**TOPPING**
- Chia frø
- Nasturtium

**INSTRUKTIONER:**
a) Kom alle smoothie-ingredienserne i en blender. Puls indtil glat og cremet.
b) Hæld smoothien i en skål.
c) Drys med toppings og spis med det samme.

## 59.Blåbær lavendel vand

**INGREDIENSER:**
- ½ kop blåbær
- 4 kopper vand
- Lavendel spiselige blomster

**INSTRUKTIONER:**
a) Kom ingredienserne i en kande.
b) Afkøl derefter vandet i minimum en halv time.
c) Si, og hæld over isterninger inden servering.

## 60.Fersken Smoothie Skål

**INGREDIENSER:**
- 2 kopper ferskner, frosne
- 1 banan, frossen
- 1½ dl usødet vanilje mandelmælk
- 1 spiseskefuld hampefrø
- Blandede bær
- spiselige blomster
- friske ferskenskiver
- friske ananasskiver

**INSTRUKTIONER:**
a) Tilsæt alle ingredienser, undtagen de spiselige blomster, friske ferskenskiver og friske ananasskiver i en blenderkop og blend indtil glat, pas på ikke at overblande.
b) Top med spiselige blomster, friske ferskenskiver, friske ananasskiver eller andre toppings efter eget valg.

# 61. Sød lavendel mælk kefir

**INGREDIENSER:**
- 4 kopper mælkekefir.
- 2 spsk tørrede lavendelblomsterhoveder.
- Økologisk rørsukker eller stevia

**INSTRUKTIONER:**
a) Lav traditionel mælkekefir, lad kefiren gære ved stuetemperatur i 24 timer.
b) Si kefirkornene fra og flyt dem til frisk mælk.
c) Rør lavendelblomsthovederne i mælkekefiren. Tilsæt ikke blomsterhovederne, mens kefirkornene stadig er i kefiren.
d) Læg låget på kefiren og lad den stå ved stuetemperatur natten over. Den anden gæring skal vare 12 til 24 timer.
e) Si kefiren for at slippe af med blomsterhovederne.
f) Tilsæt rørsukker eller stevia. Rør sødemidlet i kefiren.

## 62. Healing Honningsuckle Te

**INGREDIENSER:**
- 4 kopper vand
- 2 kopper friske kaprifolier blomster
- 1 tsk honning

**INSTRUKTIONER:**
a) For at lave kaprifolier-te skal du samle åbne kaprifolierblomster, plukke dem ved bunden, så nektaren bevares.
b) Læg en håndfuld blomster i en murerkrukke.
c) Bring 4 kopper vand i kog, tag derefter af varmen og vent i 2 minutter.
d) Hæld det varme vand over blomsterne i krukken.
e) Lad blandingen køle af til stuetemperatur, mens den trækker.
f) Server over isterninger og opbevar den resterende te i køleskabet.

## 63.Krysantemum og hyldeblomst te

**INGREDIENSER:**
- 1/2 spsk krysantemumblomster
- 1/2 spsk hyldeblomster
- 1/2 spsk pebermynte
- 1/2 spsk brændenældeblade

**INSTRUKTIONER:**
a) Placer alle ingredienserne i en tekande, dæk med 10 fl ounces kogende vand, lad det trække, og server.
b) Drik 4 kopper om dagen i høfebersæsonen.

## 64.Kamille og fennikel te

**INGREDIENSER:**
- 1 tsk kamilleblomster
- 1 tsk fennikelfrø
- 1 tsk engsøde
- 1 tsk skumfidusrod, finthakket
- 1 tsk røllike

**INSTRUKTIONER:**
a) Kom krydderurterne i en tekande.
b) Kog vand, og tilsæt til tekanden.
c) Lad det trække i 5 minutter og server.
d) Drik 1 krus af infusionen 3 gange om dagen.

## 65. Mælkebøtte og burre te

**INGREDIENSER:**
- 1 tsk mælkebøtteblade
- 1 tsk burreblade
- 1 tsk kløverurt
- 1 tsk rødkløver blomster

**INSTRUKTIONER:**
a) Kom alle ingredienserne i en tekande, hæld kogende vand i, lad det trække i 15 minutter, og server.
b) Drik varmt eller koldt hele dagen.

## 66.Røllike og Calendula te

**INGREDIENSER:**
- 1 tsk røllike
- 1 tsk morgenfrue blomster
- 1 tsk damekappe
- 1 tsk vervain
- 1 tsk hindbærblad

**INSTRUKTIONER:**
a) Kom alle ingredienserne i en tekande, hæld kogende vand i, lad det trække i 15 minutter, og server.
b) Drik varmt eller koldt hele dagen.

## 67.Kasket og orange blomsterte

**INGREDIENSER:**
- 1 tsk kalot
- 1 tsk orange blomster
- 1 tsk perikon
- 1 tsk træbetony
- 1 tsk citronmelisse

**INSTRUKTIONER:**
a) Kom alle ingredienserne i en tekande, hæld kogende vand i, lad det trække i 15 minutter, og server.
b) Drik varmt eller koldt hele dagen.

## 68.Calendula Blomster kold plejeTe

**INGREDIENSER:**
- Knib Calendula blomster
- Knib salvieblade
- Knib Hibiscus blomster
- Knib hyldeblomster
- 2 kopper vand , kogt
- Honning

**INSTRUKTIONER:**
a) Placer calendula, salvie, hibiscus og hyldeblomster i en glaskrukke.
b) Tilsæt kogt vand til glasset.
c) Luk med låg og trække i 10 minutter.
d) Tilsæt honning.

## 69.Følfodsblomster Te

**INGREDIENSER:**
- 2-delt hyben
- 1-delt citronmelisse
- 2 kopper vand
- 1-delt skumfidusrod
- 1-delt Mullein
- 1-delt følfodsblomster
- 1-delt Osha-rod

**INSTRUKTIONER:**
a) Tilsæt vand til en gryde.
b) Tilsæt skumfidusen og osha-rødderne.
c) Bring i kog i 10 minutter
d) Tilsæt de resterende ingredienser.
e) Lad det trække i 7 minutter mere.
f) Stamme.

## 70. Hyben grøn te

**INGREDIENSER:**
- 2 kopper vand
- 1 pose med grøn te
- 2 knivspids cayennepeber
- 1 økologisk citron, presset
- 2 t a b le s skeer økologiske hyben
- 2 tsk ahornsirup

**INSTRUKTIONER:**
a) Kog vand.
b) Tilføj en tepose og hyben til en kop.
c) Dæk med kogende vand.
d) Lad det trække i 10 minutter.
e) Pres citron og saft i koppen.
f) Bland ahornsiruppen i.
g) Tilsæt cayennepulver.

## 71. Echinacea immunstøtte te

**INGREDIENSER:**
- ¼ kop echinacea
- ¼ kop hyldebær
- ¼ kop astragalus
- ¼ kop hyben
- ¼ kop kamille

**INSTRUKTIONER:**
a) Bland det hele og opbevar i en glaskrukke.
b) Brug 2 teskefulde per kop varmt vand.
c) Lad det trække i 10 minutter.

## 72. Rødkløver blomstrende tonicTe

**INGREDIENSER:**
- 4 dele nældeblad
- 3 dele grøn mynteblad
- 2-dele mulleinblad
- 1-delt ingefærrod
- 2-delt mælkebøtteblad og rod
- 3 dele citronmelisse
- 2-delte rødkløverblomster
- 1-delt hyben

**INSTRUKTIONER:**
a) Bland alle tørre ingredienser.
b) Kog 4 kopper vand og hæld det varme vand over teblandingen.
c) Lad det trække i 15 minutter, og si urterne fra.

## 73.Rosenrød sort te

**INGREDIENSER:**
- 2-delte rosenblade
- 1 del sort te

**INSTRUKTIONER:**
a) Bland ingredienserne i en krukke.
b) Læg en teskefuld te i en si.
c) Hæld otte ounce kogende vand over teen.
d) Lad det trække i 5 minutter.

## 74.Healing Honningsuckle Te

**INGREDIENSER:**
- 4 kopper filtreret vand
- 1 tsk honning
- 2 kopper friske kaprifolier blomster

**INSTRUKTIONER:**
a) Læg blomster i en murerkrukke.
b) Få vandet til kogepunktet, og køl derefter af i 2 minutter.
c) Hæld det varme vand over blomsterne i krukken.
d) Stejl i et par minutter.
e) Server over isterninger.

# 75.Blomst Tisane

**INGREDIENSER:**
- 10 friske kamilleblomster
- 20 knopper fra en lavendelblomst
- 10 friske feberblomster

**INSTRUKTIONER:**
a) Læg blomster i en krukke.
b) Hælde 1 kop varmt vand over blomsterne.
c) Stejl i 4 minutter.
d) Si i et krus.

## 76.Krysantemum te med goji

**INGREDIENSER:**
- 4 kopper kogende vand
- 1 T a b le s poon Krysantemum blomster
- 1 spiseske gojibær _ _ _ _
- 4 udstenede røde dadler
- Honning

**INSTRUKTIONER:**
a) Tilføj krysantemumblomsterne, dadler og gojibær til en gryde.
b) Tilsæt 4 kopper varmt kogende vand.
c) Lad det trække i 10 minutter.
d) Si og tilsæt honning.

## 77.Mælkebøtte blomsterte

**INGREDIENSER:**
- ¼ kop mælkebøtte blomst s
- 500 ml kogende vand
- ½ tsk honning
- Citronsaft _

**INSTRUKTIONER:**
a)  Placer mælkebøtte blomsterspidser i en tekande.
b)  Kog vand og hæld det varme vand over mælkebøtteblomsterne.
c)  Lad trække i 5 minutter.
d)  Si blomsterne ud.
e)  Tilsæt honning og citron .

# 78.SommerfugleærteblomstTe Latte

**INGREDIENSER:**
- 1 tsk blå ærteblomst te
- 8 ounce vand
- ½ kop mælk
- 1 tsk honning

**INSTRUKTIONER:**
a) Tilføj løse teblade i en infuser.
b) Hæld en kop varmt vand i.
c) Lad trække i 5 minutter. Overskrid ikke.
d) Damp mælken.
e) Hæld det varme vand i et krus.
f) Hæld mælken ovenpå.
g) Top med et skvæt honning.

# 79.Hibiscus Blomst Te Latte

**INGREDIENSER:**
- 2 tsk tørrede hibiscus blomster, knust
- ¼ tsk rosenvand
- Hibiscus og rosenblade til pynt
- ¼ kop kogt vand
- ¾ kop mælk, opskummet
- 2 tsk honning

**INSTRUKTIONER:**
a) Få vandet til kogepunktet.
b) Læg de tørrede hibiscusblomster i en te-si-kurv.
c) Sæt te i cirka 5 minutter.
d) Fjern tefilteret.
e) Bland rosenvand og sødemiddel i te.
f) Tilsæt varm opskummet mælk, og pynt.

# 80.Valerian Rod superafslappende te

**INGREDIENSER:**
- 1 tsk tørret baldrianrod
- 1 tsk tørret Kamille blomster

**INSTRUKTIONER:**
a) I en tekande med alle ingredienserne hældes 2 krus varmt vand i .
b) S teep i 5 minutter.
c) Si eller fjern teposer.
d) Tilsæt honning .

## 81.Perikon Beroligende te

**INGREDIENSER:**
- 1 ounce citronmelisse
- 1-ounce kamilleblomster
- ½ ounce perikon

**INSTRUKTIONER:**
a) Hæld blandingen i 1 kop kogt vand.
b) Dæk i 10 minutter , og si.

## 82.Foryngelse te

**INGREDIENSER:**
- 1-delt hyben
- 1-delt calendula blomster
- 1-delt gallum f sænker
- 1-delte borage blomster
- 1 5-delt nældeblade

**INSTRUKTIONER:**
a) Læg alle krydderurter i en tepose , kom i et krus og dæk med kogende vand.
b) Stejl i 10 minutter.
c) Fjern teposen , og tilsæt dit sødemiddel.

## 83.Forkølelse Og Hæshed Te

**INGREDIENSER:**
- 2 ounce Malva blomster
- 1 ½ ounce Mullein blomster

**INSTRUKTIONER:**
a) Hæld i 10 minutter i 1 kop varmt vand. , stamme.
b) Drik 2 kopper om dagen .

## 84.Urtete med limeblomst

**INGREDIENSER:**
- Pose med tørrede lime blomster
- Kogende vand

**INSTRUKTIONER:**
a) Læg tørrede blomster i en gryde.
b) Hæld det kogende vand i og lad det trække i fire minutter .

## 85.Potpourri te

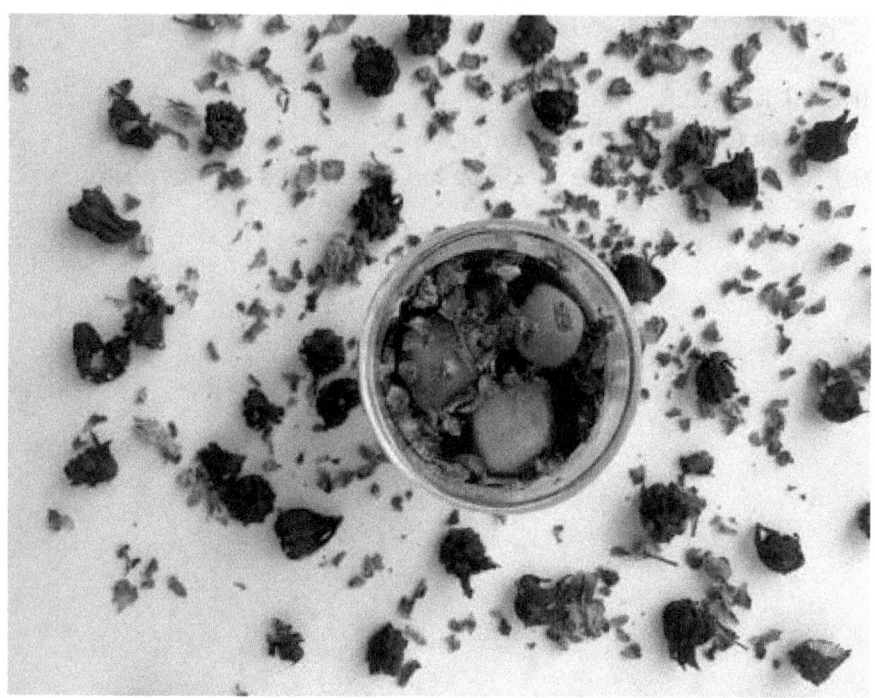

**INGREDIENSER:**
- 3 stænger kanelbark , smuldret
- 1 spsk stødt muskatnød
- 2 ounce tørrede orange kronblade
- 2 spsk Cassia bark , smuldret
- 4 Hel stjerneanis
- 8 ounces sort te
- 3 ounce tørrede hibiscus blomster
- Et par snoninger af en peberkværn
- 1 ounce groft revet frisk appelsinskal
- 1 tsk hele nelliker , stødt i en morter

**INSTRUKTIONER:**
a) Bland alle ingredienserne i en røreskål med hænderne.
b) Bred derefter ud på en flad kurv eller bakke og tør i et par timer.
c) Brug en dynget spiseskefuld pr. gryde.

## 86.Rødkløver te

**INGREDIENSER :**
- ¼ kop frisk rødkløver
- Blomster, med nogle få blade
- Citron
- Honning
- Friske mynteblade
- Flere mælkebøtteblade

**INSTRUKTIONER:**
a) Læg blomster og blade i en tekande.
b) Fyld med kogende vand, dæk det til og lad det simre i 10 minutter for at trække.
c) Sigt i en kop, tilsæt et twist citron og sød med honning.

## 87. Rose og lavendel vin

**INGREDIENSER:**
- 1 flaske Pinot Grigio
- 5 rosenblade
- 2 stilke lavendel

**INSTRUKTIONER:**
a) Tilsæt krydderurterne direkte i den åbnede vinflaske.
b) Forsegl tæt.
c) Hæld i 3 dage på et køligt eller nedkølet sted.
d) Si rosenbladene og lavendel.
e) Server i et glas.
f) Pynt med rosenblade og lavendel.

# DESSERT

## 88.Blåbær Lavender Tranebær Sprød

**INGREDIENSER:**

- 3 kopper blåbær
- 1 kop tranebær
- ½ tsk friske lavendelblomster
- ¾ kop sukker
- 1-½ kopper knust havregryn graham kiks
- ½ kop brun farin
- ½ kop smeltet smør
- ½ kop hakkede mandler

**INSTRUKTIONER:**

a) Forvarm ovnen til 350 grader F.
b) Kombiner blåbær, tranebær, lavendelblomster og sukker.
c) Bland godt og hæld i en 8 x 8-tommer bradepande.
d) Kombiner knuste kiks, brun farin, smeltet smør og skivede mandler.
e) Smuldr over toppen af fyldet.
f) Bages i 20 til 25 minutter, indtil fyldet er boblende.
g) Afkøl i mindst 15 minutter før servering.

## 89. Rabarber, rose og jordbærsyltetøj

**INGREDIENSER:**

- 2 pund rabarber
- 1 pund jordbær
- ½ pund stærkt duftende rosenblade
- 1½ pund sukker
- 4 saftige citroner, inklusive kerner, blev sat til side

**INSTRUKTIONER:**

a) Skær rabarberne i skiver og læg dem i en skål med de hele afskallede jordbær og sukker. Hæld citronsaften på, læg låg på og lad det stå natten over.
b) Hæld indholdet af skålen i en ikke-reaktiv gryde. Tilsæt citronfrø bundet i en musselinpose og bring forsigtigt i kog. Kog i 2 minutter, og hæld derefter grydens indhold tilbage i skålen. Dæk til og lad det stå et køligt sted natten over endnu en gang.
c) Kom rabarber- og jordbærblandingen tilbage i gryden.
d) Fjern de hvide spidser fra bunden af rosenbladene og kom kronbladene i gryden, og skub dem godt ned blandt frugterne.
e) Bring i kog og kog hurtigt indtil indstillingspunktet er nået, og hæld derefter i varme steriliserede glas.
f) Forsegl og bearbejd.

# 90. Orange-Calendula Dråbe Cookies

**INGREDIENSER:**
- 6-8 friske calendula blomster, vasket, kronblade fjernet og blomsterbund kasseret
- ½ kop smør blødgjort
- ½ kop sukker
- revet skal af 2 appelsiner
- 2 spsk appelsinjuice koncentrat, smeltet
- 1 tsk vanilje
- 2 æg, let pisket
- 2 kopper mel
- 2 ½ tsk bagepulver
- ¼ tsk salt
- 1 kop mandelhalvdele

**INSTRUKTIONER:**
a) Forvarm ovnen til 350 grader F.
b) Smør to kageplader let.
c) Fløde smør, sukker og appelsinskal til det er luftigt.
d) Tilsæt appelsinjuicekoncentrat og vanilje. Bland æggene i, rør indtil det er blandet. Sigt mel, bagepulver og salt sammen.
e) Blend calendula kronblade og tørre ingredienser i cremet blanding.
f) Dråbe dejen i teskefulde på en bageplade.
g) Tryk en halv mandel ned i hver småkage.
h) Bages i 12 til 15 minutter, indtil de er gyldenbrune.

## 91.Yoghurtparfait med mikrogrønt

**INGREDIENSER:**
- ½ kop almindelig yoghurt eller vaniljeyoghurt
- ½ kop brombær
- ¼ kop granola
- 1 tsk lokal honning
- en knivspids morgenfrue mikrogrønt

**INSTRUKTIONER:**
a) I en parfaitkop, lag yoghurt og bær.
b) Afslut med et skvæt lokal honning, granola, en knivspids morgenfrue-mikrogrønt og et sidste bær!

## 92. Gulerodsblomst miniaturebrød

**INGREDIENSER:**

- 3 spsk sojasovs
- 1½ tsk ingefær, revet
- ¼ tsk salt
- 1 kop ris, kogt
- 2½ kop gulerod, revet
- 1 æg
- 1 spsk eddike, ris
- 2 fed hvidløg, hakket
- 1 pund Tyrkiet, malet
- ¾ kop grønt løg, hakket
- ½ kop vandkastanjer, hakket
- 2 spsk olie

**INSTRUKTIONER:**

a) Bland alle ingredienser undtagen 2 c. af gulerødderne og olien.
b) Form 12 2-tommer frikadeller. Bland de resterende gulerødder og olie. Rul frikadeller i gulerødder. Læg dem i smurte muffinsforme, drys med resterende gulerødder og dæk med folie.
c) Bages ved 375 grader i 25 minutter. Fjern folien og bag i 5 minutter mere, indtil spidserne af gulerødder begynder at blive brune.
d) Lad stå 5 minutter før servering.

## 93. Anis Isop Cookies

**INGREDIENSER:**
- ½ kop anis isop blomster, hakket
- 3 æg
- 1 kop sukker
- ½ tsk vanilje
- 2 kopper Mel
- 1 tsk bagepulver
- ½ tsk salt

**INSTRUKTIONER:**
a) Pisk æggene tykt og citronfarvet.
b) Tilsæt sukker og blomsterblade og pisk i 5 minutter. Tilsæt vanilje.
c) Tilsæt mel, bagepulver og salt til æggeblandingen. Fortsæt med at piske i 5 minutter mere.
d) Dryp dejen i teskefulde på smurte bageplader, med god afstand fra hinanden.
e) Bages ved 325F i 12 til 15 minutter.

## 94.Citron stedmoderblomst tærte

**INGREDIENSER:**
- Konditordej
- 2 æg
- 3 æggeblommer
- ¾ kop sukker
- ½ kop citronsaft
- 1 spsk revet citronskal
- 1 kop tung fløde
- 1 pakke Unflavored gelatine
- ¼ kop vand
- Krystalliserede stedmoderblomster

**INSTRUKTIONER:**
a) Pisk æg, æggeblommer, sukker, citronsaft og skal sammen i en 1-liters gryde med et piskeris.
b) Kog over lav varme under konstant omrøring med en træske, indtil blandingen tykner og dækker skeen i cirka 10 minutter.
c) Si og sæt til side.
d) Når bagværket er afkølet, opvarm ovnen til 400'F. Mellem 2 ark meldrysset vokspapir rulles dejen ud til en 11-tommers runde. Fjern det øverste ark papir og vend dejen ind i en 9-tommers tærteplade, og lad det overskydende strække sig over kanten.
e) Fjern det resterende stykke vokspapir. Fold overskydende wienerbrød under, så det er jævnt med tallerkenens kant.
f) Med en gaffel stikkes gennem bunden og hele siden af dejen for at forhindre krympning. Beklæd dejen med aluminiumsfolie og fyld med ukogte tørrede bønner eller tærtevægte.
g) Bag kageskorpen i 15 minutter, fjern folie med bønner, og bag 10 til 12 minutter længere, eller indtil skorpen er gylden. Afkøl skorpen helt på rist.
h) Når kageskorpen er afkølet, piskes fløde, indtil der dannes bløde toppe, og sæt til side.
i) Kombiner gelatine og vand i en gryde, og opvarm ved lav varme under omrøring, indtil gelatinen er opløst.
j) Rør gelatineblandingen i den afkølede citronblanding. Vend flødeskummet i citronblandingen, indtil det er blandet. Fordel citroncremefyldet i en kageskorpe og stil det på køl i 2 timer eller indtil det er fast.
k) Før servering placeres stedmoderblomster rundt om kanten og i midten af tærten, hvis det ønskes.

## 95. Kamille cookies

**INGREDIENSER:**
- ¼ kop kamille blomster
- ½ kop blødgjort smør
- 1 kop sukker
- 2 æg
- ½ tsk vaniljeekstrakt
- 1¾ kop mel

**INSTRUKTIONER:**
a) Hak kamilleblomsterne forsigtigt og stil dem til side.
b) Fløde smør og æg og vanilje.
c) Rør mel og kamille i.
d) Kom teskefulde på en let smurt bageplade.
e) Bages ved 300' i 10 minutter.

## 96.Jordbær og kamillesorbet

**INGREDIENSER:**
- ¾ kop vand
- ½ kop honning
- 2 spiseskefulde kamille te knopper
- 15 store jordbær, frosne
- ½ tsk stødt kardemomme
- 2 tsk friske mynteblade

**INSTRUKTIONER:**
a) Bring vand i kog og tilsæt honning, kardemomme og kamille.
b) Fjern fra varmen efter 5 minutter og afkøl indtil meget koldt.
c) Kom frosne jordbær i en foodprocessor og hak dem fint.
d) Tilsæt den afkølede sirup og blend indtil meget glat.
e) Hæld ud og gem i en beholder i fryseren. Server med mynteblade.

## 97. Nellik Marshmallow Fudge

**INGREDIENSER:**
- 2 spsk Smør eller margarine
- ⅔ kop ufortyndet inddampet mælk
- 1½ kopper granuleret sukker
- ¼ tsk salt
- 2 kopper miniature skumfiduser
- 1½ kopper halvsød chokoladestykker
- 1 tsk vaniljeekstrakt
- ½ kop hakkede pekannødder eller valnødder

**INSTRUKTIONER:**
a) Smør 8-tommer firkantet pande.
b) I en gryde kombineres smør, inddampet mælk, sukker og salt.
c) Bring i kog under konstant omrøring.
d) Kog i 4 til 5 minutter, under konstant omrøring, og fjern fra varmen.
e) Rør skumfiduser, stykker, vanilje og nødder i.
f) Rør kraftigt i 1 minut eller indtil skumfiduserne smelter helt.
g) Hæld i gryden. Afkøl og skær i firkanter. Tip For en tykkere fudge, brug en 7x5-tommer brødform.

## 98.Violet is

**INGREDIENSER:**
- 1 kop tung fløde
- 2 kopper Fine, friske fuldkornsbrødkrummer
- ¼ kop krystalliseret råsukker
- Krystalliserede violer

**INSTRUKTIONER:**
a) Pisk fløde til den er stiv. Vend brødkrummer og sukker i.
b) Afkøl i fryseren, indtil den er stiv, men ikke hård.
c) Inden servering blandes et par krystalliserede violer i, og hver portion pyntes med mere af det samme.

# 99. Violet soufflé

**INGREDIENSER:**
- 9 ounce granuleret sukker
- 8 æggeblommer
- 8 dråber violet essens
- 12 kandiserede violer, knust eller hakket
- 12 æggehvider
- 1 knivspids salt
- Smør
- Melis
- Flormelis

**INSTRUKTIONER:**
a) Pisk sukker og æggeblommer sammen til det er bleg og tyk.
b) Tilsæt violet essens og kandiserede violer.
c) Pisk æggehvider med salt til stive toppe. Fold sammen.
d) Smør indersiden af en souffléskål og beklæd den med så meget sukker, som det kan klæbe til smørret.
e) Hæld souffleblandingen i. Bages i 15 minutter ved 400 grader.
f) Drys konditorsukker over toppen og sæt tilbage i ovnen i 5 minutter mere.
g) Serveres varm.

## 100. Jordbær, Mango & Rose Pavlova

**INGREDIENSER:**
- 6 æggehvider
- ⅛ tsk creme af tandsten
- knivspids salt
- 1½ kop sukker
- 1 tsk citronsaft
- ¼ tsk rosenvand eller ½ tsk vanilje
- 2 ½ tsk majsstivelse
- 4 kopper skåret mango og jordbær
- 2 spsk sukker
- 1½ kop piskefløde
- ½ kop mascarponeost
- Spiselige lyserøde rosenblade

**INSTRUKTIONER:**
a) Forvarm ovnen til 250°F.
b) Beklæd en bageplade med bagepapir.
c) Tegn en 9-tommer cirkel på papiret. Vend papiret om, så cirklen er på bagsiden.

**TIL MARENGS**
d) Pisk æggehvider, tatarcreme og salt i skålen med en røremaskine udstyret med piskeriset, indtil der dannes bløde toppe.
e) Tilsæt 1 ½ dl sukker, 1 spsk ad gangen, pisk ved høj hastighed, indtil der dannes stive toppe, og marengsen ikke længere er grynet, og skrab skålen ned efter behov. Pisk citronsaft og rosenvand i. Brug en gummispatel, fold forsigtigt majsstivelse i.
f) Fordel marengs over en cirkel på pergament, opbyg kanterne lidt for at danne en skal.
g) Bages i 1½ time.
h) Sluk for ovnen, og lad tørre i ovnen med lågen lukket i 1 time.
i) Afkøl helt på en plade på en rist.

**FREME BLANDING**
j) I en skål smid mango og bær med de 2 spsk sukker. Lad stå 20 minutter.
k) Pisk i mellemtiden fløde og mascarpone i en røreskål med en elektrisk røremaskine, indtil der dannes bløde toppe.
l) Læg marengsskallen på et fad.
m) Fordel flødeblandingen i marengsskallen. Hæld frugtblandingen ovenpå.
n) Server straks.

# KONKLUSION

Som afslutning på vores kulinariske udforskning af knopper og blomster giver "Den Komplette Knopper Og Bloster Kogebog" dig ikke bare en samling af opskrifter, men en nyfundet påskønnelse af de spiselige vidundere, som naturen giver. Må disse sider inspirere dig til at omfavne skønheden i blomstersmag og forvandle hvert måltid til en fest for sanserne.

Mens du begiver dig ud på dine egne kulinariske eventyr med spiselige blomster, må opskrifterne i denne kogebog være en guide, der opmuntrer dig til at tilføre dine retter den fortryllende essens af blomster. Lad de sarte kronblade og livlige farver løfte dine måltider og skabe en madoplevelse, der både er lækker og visuelt fængslende. Skål for en verden, hvor hver bid er en fejring af naturens skønhed og det kunstneriske af spiselige blomster!

www.ingramcontent.com/pod-product-compliance
Lightning Source LLC
Chambersburg PA
CBHW050148130526
44591CB00033B/1136